Psychologie des Foules

按 Felix Alcan 出版社 1925 年第 31 版译出

周晓虹 撰序

群氓：勒庞与大革命的余悸

群氓心理学

Psychologie des Foules

（法）古斯塔夫·勒庞　著
Gustave Le Bon

陈璞君　译

北京师范大学出版集团
BEIJING NORMAL UNIVERSITY PUBLISHING GROUP
北京师范大学出版社

群氓：勒庞与大革命的余悸

周晓虹

一

如果说任何故事都有自己的开头，叙述社会心理学就必须回到《群氓心理学》，或者说回到古斯塔夫·勒庞（1841—1931）。

《群氓心理学》出版于 1895 年。在这前一年，原本痴迷于东方学、人类学研究的勒庞，在撰写了几部有关阿拉伯、印度和尼泊尔等东方文明的考古学及旅游札记之后，收回了在亚洲和北非的漂泊足迹，开始将目光聚焦于心理学领域，写成《民族进化的心理定律》（1894）一书。过了知天命的年纪，勒庞的改变看似有些突然，但却与他在 40 岁那年出版的第一本著作——《人与社会：起源及历史》（1881）多少有些暗合。25 岁就获得医学博士学位的勒庞，因深受当时流行的达尔文进化论的影响，在短暂的行医之后就放弃了悬壶济世的理想，对人类行为背后的体质、遗传和性格动因一直怀有浓厚的兴趣。在勒庞看来，一个民族的发展取决于其民族禀赋或民族性格，历史就是这民族禀赋的自然后果。因此，为了理解一个民族或种族的历史，我们就必须探寻其"集体灵魂"（collective soul）。现在，多年的海外旅行及对不同民族或种族的考察，终于使其对人类及民族进化的探究有可能从体质或历史的表层，切入精神或灵魂的深处。

　　1894 年出版的这本著作，成了勒庞学术生涯的转折点。这位在整整 90 年的人生中一直笔耕不辍的长寿智者堪称著述等身，但自这一年后，他的近 20 本著作大多都是以心理学或社会心理学为主题的：能够列举的除了《民族进化的心理定律》和《群氓心理学》外，还包括《社会主义心理学》（1898）、《教育心理学》（1902）、《政治心理学》（1910）、《法国大革命与革命心理学》（1912）[①]、《欧洲战争心理学》（1915）、《新时代心理学》（1920）等，其中尤以《群氓心理学》一书名闻遐迩。虽说勒庞和后来另外一位同样对群体痴迷的心理学家西格蒙德·弗洛伊德一样，职业生涯都未能与大学发生关联，但《群氓心理学》一书的成功却使其生前不但很快进入法国知识圈的核心，成为那个时代"巴黎的大脑"，而且此后该书也成为现代社会心理学 130 余年历史中

―――――――――――

　　① 　该书 2004 年中译本书名为《革命心理学》。――编者注

公认的最为流行且生命周期最长的著作，它甚至影响了包括希特勒、墨索里尼、罗斯福和戴高乐在内的 20 世纪诸多台上或台下的极权和非极权主义的领袖。

《群氓心理学》的法文书名写作 *Psychologie des Foules*，英文译本的标题为 *The Crowd：A Study of the Popular Mind*。在已有的几十种中文译本中，大多由英文转译，因此常见的标题是《乌合之众：大众心理研究》；其实从法文来看，《群氓心理学》一样是精准的译名，甚至更符合勒庞一系列心理学著作的原题之意。在这里，所有的争议在法文的"foule"或英文的"crowd"，这两个词翻译成中文都是群众、人群或大众。按理说，在汉语词源中，"群众"最早的用法无论是"群众不能移也"（《荀子·劝学》），还是"宰制万物，役使群众"（《史记·礼书》），都不过是指"人群"或"一群人"，与"foule"或"crowd"存在比较吻合的对译关系。但在当代，一般人都知道"群众"的基本含义有三：一指"人民大众"，其与"阶级敌人"对应；二指没有加入党团组织的人（甚至无党派领导在填写"政治面貌"时也写作"群众"）；三指不担任领导职务的人（如果是党员，称作"党员群众"，与"非党群众"相对应）（中国社会科学院语言研究所词典编辑室，2016：1089）。并且，1949 年后甚至更早，"群众"无论是否在"组织"内，无论是否为领导，都处在包括"单位"

在内的严整的社会体制之中，和勒庞的原意"受到多种因素的影响"（勒庞，2018：序）①而一时聚集的一群人（crowd）还不是一回事。因此，将"foule"或"crowd"直接译成"群众"不仅存在"政治不正确"的可能，在学术上也有错讹的危险；与此相似，译成"群体"一样掩饰了这聚集而成的"一群人"临时和易变的特征。这也是大多数译者将其译为"乌合之众"或"群氓"的原因所在。

如果说《民族进化的心理定律》试图解释每一种族或民族的遗传禀赋对其个体心理的影响，那么《群氓心理学》则关注当这些个体聚集成群的时候，会表现出何种新的心理特征。受法国大革命及其后的历史与现实的影响，与涂尔干出版《社会学方法的准则》（1895）几乎同时，勒庞也关注到社会或群体是一种由个体组成但又不同于个体的"突生现象"（emergent phenomena）（Kruglanski & Strobe，2012：368）。此时，"这些异质成分的结合就像是一些细胞结合在一起构成一个新的生命体，这个生命体具有一些与单个细胞完全不同的特征"（勒庞，2018：17）。进一步，受到群聚时的催眠与暗示的影响，群氓们的"行为会具有自发性，变得暴戾残忍"，行为日渐趋向两极：这既可能"使他在文明的

---

① 本文出现的"（勒庞，2018）"均引自本书。

阶梯上倒退数步……变成了一个受本性驱使的野蛮人"，也可能会"具有原始人的热情与英雄主义"（勒庞，2018：21）。在勒庞眼中，从1789年的法国大革命，一直到他撰写《群氓心理学》不久前的1887—1889年的布朗热事件①，近百年来，法国舞台上的主角一直是民情汹涌的"群氓"。他们既创造了历史，上演了最宏伟的实验剧目，也带来了长达一个世纪的血腥、暴力和混乱。

实事求是地说，尽管如前所述，《群氓心理学》在现代社会心理学中彪炳青史，但最早描述大革命的暴力与血腥，甚至先于勒庞描述群氓心理的也不乏其人。毫无疑问，法国大革命中的群体及其暴行（所谓"多数人的暴政"）给整个19世纪的欧洲留下了挥之不去的阴影：不仅托克维尔描述过革命及向专制复归的复杂心态，而且坦承："我蔑视和惧怕群众"（托克维尔，1992：4）。作家莫泊桑也描述过"一种相同的思想在人群中迅速地传开，并支配着大家"的群氓心理，并直言不讳："我对群氓（foules）有一种恐惧"（莫斯科

_____

① 1871年普法战争后，担任法兰西第三共和国陆军部长的布朗热将军，于1887—1889年利用民众对德国的仇恨，燃起了沙文主义的复仇狂热，并想借此实施军事独裁，戕害第三共和国。当时狂热崇拜布朗热的民众群情激奋，将他视为"上帝"，甚至"数以千计的人为他奉献了生命"（勒庞，2018：63）。

维奇，2003：20—21）。而那位以《艺术哲学》闻名的伊波利特·泰纳，在六卷本的《现代法国的起源》（1876—1894）中，用了三卷的篇幅讨论"法国大革命"。他给这场革命的关键词是"暴民和恐怖"，所总结的革命的教训非常直白："社会消解后出现的新政权一个比一个暴虐"（麦克莱兰，2014：180）。先于勒庞，同样受泰纳的影响，法国人加布里埃·塔德以为，因为群氓常常将自己想象为受害者，因此他们往往会采取"最恶劣的暴行"（莫斯科维奇，2003：211），就像意大利人西皮奥·西格尔干脆将一群人的集合称为"犯罪的群众"（周晓虹，1993：47）。

我们做这样的梳理不是要贬低勒庞的贡献，也无意对"群氓心理"首创权的归属做出评判（西格尔生前已做过声辩）。事实上，尽管勒庞的思想确实受到了他人的影响，但面对绵延不绝的革命狂潮，"考虑群氓的心理因素"（勒庞，2018：8）是他超越泰纳的地方；而未简单地将群氓视为罪犯的同义语，则使塔德和西格尔相形见绌。事实上，由于最早看到大革命改变了原有的社会政治结构，而随着普通民众登上历史舞台，世界首先是欧洲开始进入了"群氓的时代"（尽管面对这一现实，勒庞的内心也许充满了鄙夷和不甘），勒庞不仅洞察到历史进程的奥秘，而且"经过勒庞的加工，群氓心理（the mind of the crowd）成了群体心理（the group mind)，且可以被认为是整个社会的心理"（麦克莱兰，2014：24）；以致罗伯特·默顿会肯定："勒庞的这本著作所关注的问题，毫无例外将注定成为所有社会心理学家——事实上也包括所有思考生存其间的社会世界的人们——感兴趣的首要问题"（Merton，1960：vi）。

二

虽然默顿一再说，勒庞对大革命时期的社会心理的追溯目的在借古讽今，他实际上分析的是自己所处的时代——法兰西第三共和国和布朗热时代的群氓行为，但默顿也承认："就像其他许多法国人一样，大革命成了勒庞挥之不去的记忆"（Merton，1960：xxvi-xxvii）。勒庞没有经历过 1789 年的革命。他出生的时候，攻打巴士底狱的壮举已经过去 50 余年，但这并不说明大革命没有给他留下精神创伤，或起码的心理上的余悸。不仅在 1789 年革命的第二年，英国人埃德蒙·伯克就写成了那本一时间引得洛阳纸贵的《法国大革命反思录》，此后包括基佐、梯也尔、泰纳、马克思和托克维尔在内，也都热衷于论述大革命的历史及其成败，使其成为欧洲知识界最感兴趣的主题之一；而且就现实而言，从 1789 年开始，革命的基因就融入了法国人的血液之中：一直到托克维尔撰写《旧制度与大革命》的

1856 年，甚至到勒庞动手撰写《群氓心理学》前的 1889 年，革命或动荡的搅拌机一如尤金·韦伯所言，都丝毫没有停止转动的迹象（索雷，2015：VII）。考虑到 1912 年勒庞又继续写成《法国大革命与革命心理学》，我们能够相信：一如托克维尔没有将 1789 年视为一个孤立的事件，而是将自此直到 1852 年的 60 多年的历史视为一出既有不同场景但又浑然一体的长剧，统称"法国大革命"；勒庞对群氓的论述自然也不会限于布朗热登场的 1887—1889 年。显然，勒庞的论述起点还是 1789 年，因为在他眼里，正是这场大革命为其所称的"群氓"的登台搭好了阶梯。

从历史的变迁或转型的实践来看，法国大革命和稍后的英国工业革命是欧洲社会自 17 世纪甚至更早开始的那场所谓"现代化"运动的必然结果。如果说工业革命影响到其后数百年间的经济发展，那么法国大革命则彻底改变了整个世界的政治制度、社会秩序和意识形态，并因其是"真正的群众性社会革命"，这场激进的巨变才会导致不同的社会群体走马灯似的轮流登上风暴的中心，并使一波接一波的革命热潮及对革命的恐惧迅速由法国传播到整个欧洲，以致"1789 年由一个单一国家掀起的革命，现在看起来已演变成整个欧洲大陆的'民族之春'"（霍布斯鲍姆，2014：65，130）。

1789 年后的整整一个世纪里，当时占欧洲五分之一人口的法国一直处在革命、复辟、再革命、再复辟的轮回之中，或者说是由民主和专制轮番上演的一出"双推磨"：攻打巴士底狱、第一共和国、雅各宾专政；雾月政变、拿破仑加冕、第一帝国；兵败滑铁卢、波旁王朝复辟；七月王朝、二月革命、第二共和国；路易·波拿巴称帝、第二帝国崛起；普法战争爆发、废黜波拿巴、第三共和国；巴黎公社、布朗热独裁、确立共和制……这100年间，面对旧的复辟势力，没有任何民族像法兰西这样不屈不挠，表现出了"对平等与自由的热爱"（托克维尔，1992：34），以及建设新制度的非凡想象和创造力。单从攻打巴士底狱的1789年到拿破仑"雾月政变"的1799年，法国人在短短的十年间就"实验了现代政治制度的几乎所有可能形式：君主立宪制、纳税人共和制、民族共和制、寡头共和制、人民专政、市镇直接民主、军事独裁"（索雷，2015：345），如此等等，不一而足。

默顿统计过，在《群氓心理学》中，勒庞用来证明自己观点的50多个历史事件有一半左右涉及法国大革命或拿破仑（Merton，1960：xxvi）。不过，和其多少有所抄袭的泰纳认为"法国革命总体上是疯狂之举"（麦克莱兰，2014：163）一样，勒庞的举例也不过是为了佐证大革命的野蛮和恐怖。勒庞谈到，在攻打巴士底狱的那天，被人群团团围着的监狱长仅仅因为在推搡中踢到了一个参与者，大家就推举这个原本职业为厨子的人，用娴熟的切肉技巧割断了监狱长的喉咙——这让人极易想起 2012 年西安"保钓"抗议活动中，用 U 型铁锁击打日系车车主头部的泥水匠。正如勒庞所言，他们都"认为自己的所作所为是爱国行为"。接着，这些由"除了极少数彻头彻尾的流氓以外，余下的多为各行各业的店主和手艺人"组成的造反者，用包括凌迟在内的残忍手法屠杀了上千位"人民的敌人"，又把关在监狱里的"白白养着的"老年人、乞丐和流浪汉全部杀掉，"其中还包括五十来个十二岁到十七岁的孩子"。（勒庞，2018：154－156）

最后一句是说，如果你认为民众的暴戾之气一旦被点燃，会被严格限于"人民的敌人"，那就太天真了。此时，"杀头"是重要的爱国之举，至于杀谁的头则并不重要。无独有偶，在随后的雅各宾专政时期，"受到惩罚的（也）不仅仅是特权阶级，有大约 4000 名农民和 3000 名工人也成了铡刀下的冤魂"。为了满足"巴黎人民"的愿望，绞刑架换成了效率更高的断头台——这似乎比鲍曼更早预示了现代性与大屠杀间的关联；不但反对杀人的丹东被砍了头，忙于将签署"砍头令"作为日常工作的罗伯斯庇尔和圣鞠斯特也很快被更激进的后来者砍了头。① 以致"那时候，母亲们带着孩子去看刽子手行刑，就像今天她们带孩子去看木偶戏一样"（勒庞，2004：177）。

按理说，勒庞出身于军人家庭，应该不怯于流血。我想，他所厌恶或心有余悸的是，大革命及其后没完没了的动荡和暴乱中表现出的"血腥、混乱、残酷"（勒庞，2018：64），以及对法国长久以来的文明或秩序的涤荡。更重要的是，在大革命的摧枯拉朽之势下，"旧时的信仰摇摇欲坠，最终消逝，古老的社会支柱相继坍塌，群氓的势力则不受任何力量的威胁，并且其威望正在不断扩大"（勒庞，2018：3）。在这一力量的冲击下，"个人的暴政为集体的暴政所取代，前者是弱小的，因而是容易推翻的；而后者是强大的，难以摧毁的"（勒庞，2004：235）。

前面说过，塔德和西格尔可能都比勒庞更早论及"群氓"及其心理，但他们赋予这啸聚而成的乌合之众的特征与单纯的罪犯无异。相比而言，勒庞的长足之处在于，他看到了个人聚集成群时行为的两重性。似乎是对塔德和西格尔的回

---

① 对此，马克思在《路易·波拿巴的雾月十八日》中说得很精彩："每当某一个党派把革命推进得很远，以致它既不能跟上，更不能领导的时候，这个党派就要被站在它后面的更勇敢的同盟者推开并且送上断头台"（马克思，2012：691）。

应，在《群氓心理学》不算太长的篇幅中，勒庞一再提及这种两重性："群氓的确在很多情况下都具有犯罪性，但他们也常常具有英雄性。轻而易举就可以使他们为了信仰或者思想的胜利牺牲自己……英雄主义显然有无意识的一面，但历史的发展正是得益于这些英雄主义"（勒庞，2018：22）。

不过，最早看出群氓所具备的这种双重道德实践的，似乎也不是勒庞，而是马克思。尽管马克思对大革命中的恐怖表露出与包括勒庞在内的资产阶级学者们迥然不同的态度，将"全部法兰西的恐怖主义"视为"对付专制主义、封建制度以及市侩主义的一种平民方式而已"，但他对运动中的"群氓"或"流氓无产者"的行为或道德两极化描述却与勒庞无二。1850年，马克思就在《1848年至1850年的法兰西阶级斗争》中写道：他们既"能够做出轰轰烈烈的英雄业绩和狂热的自我牺牲，也能干出最卑鄙的强盗行径和最龌龊的卖身勾当"（马克思，2012：461）。

仔细想来，如果说最先关注到这种两重性的不是勒庞，那么他起码最先注意到了在这行为的两极、群氓的"变身"机制中，关键就是孤立的个人聚集成群。至于群氓何时扮演何种角色，则取决于其身临其境的情势，以及当时影响着他们心理走向的领袖或者说头头。如此，当它是问题群体或犯罪群体时，整个社会弥漫着恐怖压抑、暴戾乖张、惊恐万状和焦躁不安的氛围；而当它是英雄主义群体时，则代之以群情激昂、众志成城、万众一心和不怕牺牲的社会心态。当然，冷静的社会心理学家都明白，有时在一夜之间就会发生这两种极端社会心态的颠覆性转换。这也是为什么始终未能从法国大革命的惊恐中摆脱出来的莫泊桑、左拉、勒庞、西格尔以及其后的弗洛伊德，本质上都认同托克维尔的见解：希望在自己的国家和国民中，"看到的是缺点而不是罪恶，并且只要少一些罪恶，宁可也少一些伟大的壮举"（Tocqueville，1945：262）。

三

写到这里，我们有必要触及群氓心理的核心，即不论他们是犯罪群体还是英雄主义群体，这在个人独处时所没有的激情甚至迷乱究竟是从哪里来的？你可以批评勒庞是惧怕包括"无套裤汉"在内的大革命民众，尤其是1848年和1871年两度登上历史舞台中心的法国工人阶级的资产阶级门客；作为保守主义思想家，他认定"少部分贵族阶级的精英，而非群氓，创造并引领了文明"（勒庞，2018：6）。不过，你也不能不承认，勒庞对群氓的嘲讽其实只涉及个人的群聚。在他眼里，只要聚集成众，无论是什么阶级，也无论是否有教养，他们都会表现出冲动而非理性的一面。在《群氓心理学》

中，勒庞两次谈到在1789年8月4日晚，参加国民会议的那些贵族"满腔热忱地投票放弃了所有的特权"，而他们任何一个人在独处时都不会有这种英雄主义的壮举；在同一个地方勒庞也提到，在雅各宾专政时期，那些议会的委员单个都是"举止平和的公民"（cultivated individual），然而一旦成群，他们就成了"野蛮人"（barbarian）：正是这些人把"最无辜的人送上断头台"，甚至在知道"明天这或许也是他们自己的命运"时也一样如此（勒庞，2018：21，188）。

由此说来，无论是造就英雄壮举，还是支配野蛮行径，其最重要的变量都与民族、职业、阶级或性别无关，单与人的"群聚"有关。在《群氓心理学》中，勒庞以类似涂尔干的语言写道：此时，"这群人会表现出极不同于个体的新的特质"，这个临时聚集而成的"心理群氓"（psychological crowd）"形成了一种独立的存在，并服从于群氓精神一统律"（勒庞，2018：14）。

造成群氓心理一统，或者说造成群聚中的个人不再是他自己，而成了不受自我意志支配的群氓的心理因素不胜枚举。首先，数量上的赋值带来个人责任感的分散，也就是说，仅仅由于人数众多，群聚在一起的个人便会获得一种势不可当的心理力量，从而敢于放纵个人独处时必须克制的本能。不仅攻打巴士底狱是啸聚而成的成千上万的民众所为，就是雅各宾专政时的所有暴行也无一不是群氓行动的结果。他们或呐喊，或助威，或帮着动手，个人本能的发泄最终叠加成狂热与残暴。其次，是情绪的感染。不仅感染具有的循环反应的特点加剧了人们的狂热程度，而且也感染催生了人们的英雄主义情绪，"甚至使个体为了集体利益而牺牲自身利益"（勒庞，2018：19）。最后，是观念的暗示。在勒庞看来，暗示虽是相互感染所造成的结果，却是使群氓与组成它的个体独处时迥然相异的"最重要的一个原因"（勒庞，2018：20）。正是这种与被催眠者在催眠师的操纵下进入迷幻状态十分相似的情形，使得人们"有意识的个性衰减，无意识的人格占据主导，情感和观念因为暗示和传染的作用而转向同一个方向"。此时，"个体不再是原来的自己，他们变成一个个木偶，不再受意志力的引导"（勒庞，2018：21）。

要透彻地解释理智的个体是如何转变成无意识或本能的群氓的，不能不关注前面所提到的"心理群氓"的概念。尽管在《群氓心理学》中，勒庞对这一概念着墨不多，但我以为心理群氓最重要的意义在于，它是单个的个体向现实的社会群体或群氓转化的不可缺少的中介。在社会心理学中，人们通常都将"群众"或"群氓"（crowd）与"大众"（mass）相对应，解释为直接的、面对面的一群人；但勒庞专门申明，"并不总是意味着一些个体同时集中在一起"，"成千上万分散的个体……能够获得心理群氓的特征"（勒庞，2018：15）。换言之，无论是弥散在社会中的个体，还是无组织的聚众中的个体，他们首先要意识到相互间的一致性，并认同某种集体表征（传统、观念或共识），即在精神层面上凝聚起来成为一种"心理群氓"，才有可能采取一致的行动，最后通过从集体行动向社会运动的转变，成为现实的"组织化的"社会群体。"心理群氓"不一定是有形的，但它的现实性在于："无论这一群氓由怎样的个体组成，无论这些个体的生活方式、职业、性格或智力水平相同与否，形成群氓这一事实使他们获得了一种集体灵魂。这种集体灵魂使他们的感情、思想和行动完全不同于他们原来处于独立状态时的感情、思想和行动。"（勒庞，2018：17）

正是经历"心理群氓"的过渡形式，啸聚的个体完成了从异质性向同质性的转化。如果用现代社会心理学的知识来做些补充的话，我们可以将这一转化分为两个阶段。第一步涉及社会分类或社会范畴化，即个体在通过社会认同将自己与某一心理群体置于同一范畴时，他就会以此划分"我群"和"他群"，并主动缩小与我群的差异，同时扩大与外群的差异。第二步涉及社会比较，即新加入的个体会将自己的看法与我群成员尤其是群体的看法相比较，从而或改变或增强原有的看法，进而形成支配共同行动的所谓"共识"。从历史的经验来看，最有效的凝聚群氓的共识，首推对"人民公敌"的认定。此时"共同的仇恨可以凝聚最异质的成分"（霍弗，2011：151）。所以，无论是在法国大革命时期，还是在苏联的大清洗或中国的"文化大革命"期间，一旦一部分人被标定为"卖国贼"或"阶级敌人"，由各色人等组成的"人民"马上会表现出步调一致的同仇敌忾。

回到勒庞的叙述。一旦"异质性在同质性中湮没"，无意识的特征就会"占据主导地位"（勒庞，2018：18）。在《群氓心理学》中，这无意识对应于意识或理智，包括本能、情感和性格等诸多非理性的先天因素，或者说"隐藏着不计其数世代相传的特质，正是这些特质构成了一个种族的灵魂"（勒庞，2018：18），并支配着智力活动和有意识的行为。将无意识的品质之不同归咎于种族或民族间的差异，说明作为种族主义理论的拥趸，勒庞一方面看到了同一种族或民族的单个成员聚集成群后的相似性，另一方面也受自己的同胞戈宾诺的影响，强调不同的种族具有显著的差异性。有感于1789年后法国一直乱象不断，勒庞在推崇英国人镇定自若的同时，抱怨包括法兰西人在内的整个拉丁民族具有女性一样的冲动和多变的情绪化特质，这使得法国"一直行走在泰比亚岩巅，终有落入深渊的一天"（勒庞，2018：28）。

不必计较勒庞对种族、民族甚至人民（peoples）概念的混用，也不必介意勒庞的男权主义立场，他只是想说明在自己命运多舛的祖国，正是这占据人们心灵上风的无意识，导致了啸聚而成的群体"冲动、多变、易怒"（勒庞，2018：25）；也导致了他们容易屈服于世俗的等级制度，骨子里"极端保守"（勒庞，2018：42），与他们短暂地表现出的革命气概完全相左；同样也使得他们经常放纵自己低劣的本能，即使表现出我们前述的勇于献身的英雄主义，也只不过"是无意识的"（勒庞，2018：45）。

群氓的毛病当然不止于此。由于"群氓的行为更易受到脊髓的影响而非大脑的影响"（勒庞，2018：25），因此他们没有思考和推理能力，对待事情的态度也永远在两个极端漂移："整体接受或全盘否定"（勒庞，2018：60）。推理能力的低下，一方面使他们的思维或想象力只会为形象所打动——在这里，道理是无力的，能够打动他们的只能是民情鼎沸的宏大的啸聚场面，这和孩子们的"人来疯"有异曲同工之妙；另一方面又使他们仅凭信仰行事，他们的狂热是由坚定不移的信仰支撑的，这使他们坚信众志成城且无坚不摧。

如果说嗜血的1789年留下的还只是余悸，那么100年后布朗热登台时群氓的狂热留在勒庞脑海里的记忆则要鲜活得多：1887—1889年，在那几年里，崇拜者们制作了几千种布朗热的肖像，"哪怕小村庄的客栈里都有他的画像"

（勒庞，2018：63）；300多首颂扬布朗热的歌曲此起彼伏；他被派往外地驻军时，数十万人哭着喊着去巴黎的马赛车站送行；狂热的民众纵容他发动政变，愿意追随他随便去干什么……这一切让忧心忡忡的勒庞意识到："要么成为群氓的神，要么什么都不是。"（勒庞，2018：62）正是对上帝的渴望，使得群氓的信仰具备了典型的宗教情感所具有的一切特点：盲目的服从、粗野的偏执，以及狂热的宣传。在1789年后的历史中，无论是罗伯斯庇尔、拿破仑，还是路易·波拿巴或布朗热，这一茬茬的领袖或群氓心目中的伟人，无一不是"借助语言和口号的魔力，用新的神祇取代了旧的上帝"，并最终"主导了法国大革命中（及其后）的人们"（勒庞，2004：70，67）。

四

在群氓的形成及行动过程中，我们刚刚涉及的群氓与他们的领袖的关系，在勒庞的论述及整个群氓心理学中占有重要的地位。当然，这里的所谓"领袖"并非单指高高在上的统帅、君主或帝王，勒庞使用的概念显然是广谱的：从基层的"小头目或煽风点火的人"，直到前述在法国大革命及其后的100年中叱咤风云的英雄或枭雄。领袖并非先赋性的，诸多后来成为领袖的人一开始不过是某种信念或信仰的使徒，但他们或者不惜命，或者巧舌如簧，再或信念如炬，因此在动荡之中最终出人头地。例如，拿破仑在受到雅各宾派赏识之前，不过是一个少校；希特勒在发动啤酒馆暴动，喊着"德国革命已经开始"并做出惊天之举前不久，不过是个普通的上等兵；而我们中国那个欲图建立太平天国的洪秀全，金田起义时也不过是一个落第的秀才。至于一般的打家劫舍、啸聚山林、聚众闹事的头头们，则更多的是鸡鸣狗盗、贩夫走卒之辈。

不过，不要小看领袖或头头对群氓的作用。只要原先的领袖消失，新的领袖又没有适时出现，群氓就会一哄而散。在群氓的形成及维系的过程中，领袖的作用不言而喻。如果说一般的基层领袖或小头头为群氓提供的只是身先士卒的榜样的话〔勒庞说过，"引领群氓的是典范，而非论证"（勒庞，2018：116）〕，那些最终成大事的领袖人物提供给群氓的则是坚定的信念或者信仰。并不是所有的领袖都是靠欺骗行事的，他们有时对自己的信仰一样怀有十二万分的虔诚，用勒庞的话说："大革命时期的那些人物，他们都是自己先被某种信仰征服，然后才开始施展威慑力的。"（勒庞，2018：109）勒庞以法国100年来的历史说明，无论信仰是宗教的、政治的还是社会的，也无论信仰是一本书、一个人还是一种观念，要在群氓中建立某种信仰，就不能缺少领袖的引导。从1789年到

1899 年，法兰西掀起的惊天狂飙都说明："在人类拥有的一切力量中，信仰总是最重要的力量之一……有力可拔山的能力"（勒庞，2018：110）。不过，比勒庞说的更棒的是他的同胞柏格森，在后者那里："信仰的力量不表现在能支使人移山，而在于让人看不到有山要移"（霍弗，2011：133）。

所有领袖人物都懂得如何驾驭或者说驱使群氓，其中最佳的社会心理途径就是社会动员，即通过信念的诉求和想象的塑造，改变或重塑追随者的价值观、生活态度和社会行为。勒庞认为，当领袖人物影响群盲之时，最为重要的手段有三。(1)断言法，即不理睬任何推理和证据，对某人或某事做出简洁有力的断言。这"是让某种观念进入群氓头脑中最可靠的方法之一"。例如，"文化大革命就是好"是政治断言，"果珍喝热的好"是商业或广告断言，但它们在支配受众时都具有立竿见影的效果。后来，意大利社会学家帕累托将此类辩解性知识体系称为"衍生物"，叹服其"具有强大的说服力"（Pareto，1935：901）。(2)重复法。断言如果要产生影响，必须不断地重复。拿破仑早就说过："最为重要的修辞法只有一个，那就是重复。"后来，在勒庞和帕累托的助推下，演化为戈培尔的名言："谎言重复千遍就是真理。"重复对信念塑造的意义在于，如果在你耳边只有一种观念或一种声音，那它最后就是你的全部知识疆域。在 20 世纪 80 年代，电视上整天播放的就是根本买不到的那几个日本的电视机品牌。没有市场经验的中国人很奇怪，买不到你放它有什么用？结果，等电视机供应敞开后，中国人脑子里就只剩下这几个日本品牌了。（3）传染法。所有的情绪都会像流行病一样快速传染，在人们啸聚成群的时候尤为如此。情绪的快速传播不仅造就了恐慌等心理的突发性，而且凭借人类的模仿天性和反复刺激，也使得群氓的行为趋于两极化。

在领袖和群氓的关系问题上，勒庞强调了领袖的威望（prestige）对后者"难以抗拒的力量"。在勒庞的分类中，形形色色的威望包括两大部分：获取的威望和个人的威望，前者指通过获取称号、财富和名誉等赢得的威望；后者则指纯粹为个人所持有的威望。它可以和荣耀、财富、名誉共存，但也可以完全独立于它们而存在。一个人具有某种令人炫目的头衔、巨额的财富或崇高的声誉，无论靠的是继承这样的先赋性手段，还是个人奋斗这样的自致性手段，都会令人羡慕或敬仰，但勒庞心有所指的却是个人威望，类似于马克斯·韦伯后来所说的"克里斯玛"（charisma）权威，即"领袖人物的人格魅力，它能够激发特定的大众对某个公众人物的忠诚或情感"（Mish，1984：227），是神授"天纵之才"的超凡魅力，而"在因循守旧的年代，超凡魅力即伟大的革命力量"（Weber，1968：I，245）。勒庞将这种威望描述为"脱离一切名号和特权而独立存在的。具有这一才能的少数人对周围的人有很大的威慑力，哪怕他们的关系是平等的"（勒庞，2018：121）。不要说具备这种神性的领袖人物对一般大众会具备怎样的影响力，你去读一下勒庞著作中有关奥热罗拜见拿破仑的段落，就会理解什么叫超凡脱俗的人格魅力。威武彪悍的奥热罗将军原本对蹿上来的"矮小新贵"拿破仑不屑一顾，直到觐见前还在骂骂咧咧，但直面拿破仑时却首鼠两端，不敢吱声，"当拿破仑离开时才恢复镇定"（勒庞，2018：123），以至于他从此深信那个小个子对他施用了幻术。

在勒庞撰写《群氓心理学》的年代，"幻术"这样的字眼对法国人来说并不特别神秘。在某种意义上，所谓"幻术"，就是几乎在同一时期法国乡村医生李厄堡（A. Liébeault）和巴黎萨尔伯屈里哀医院的精神病学家沙尔科（J. M. Charcot）以完全对峙的立场推进的催眠术。精神病学或变态心理学中的催眠术，早期形态是奥地利医生麦斯麦（F. A. Mesmer）创用的通磁术或麦斯麦术；后经英国医生布雷德（James Braid）的改造，以希腊睡神修普诺斯（hypnos）之名称为催眠术（hypnotism）。一开始，布雷德提出导致患者进入迷睡状态的是肌肉疲劳这样的生理原因，但后来发现更为重要的是暗示这样的心理因素。

布雷德前后观点的相异，导致了沙尔科代表的巴黎学派和李厄堡代表的南锡学派的分歧。沙尔科及其巴黎学派认为，催眠完全是一种生理现象，而催眠状态则是精神病及变态者的表现特征；南锡学派的李厄堡及其弟子伯恩海姆（H. Bernheim）却主张，催眠就是一种暗示，而暗示能够使患者在催眠状态中接受一种新的观念，从而获得某种健康的治疗。从催眠术的发展尤其是南锡学派的实践中，人们很容易发现这一精神病学的治疗方法是如何和勒庞及其群氓心理学的分析挂钩的，所以莫斯科维奇会说："如果说群氓心理学产生于法国，而非意大利或德国，那是由于在法国同时存在着接连不断的革命浪潮和诸多的催眠术流派的缘故。也就是说，那是巴黎公社和南锡或萨尔伯屈里哀医院的产物。"（莫斯科维奇，2003：108）。简言之，如果说革命制造了麻烦，那催眠术则希望能够解决麻烦。当然，将体现在宏大革命场面中的社会关系简化为临床上的个人粘连，最终注定了勒庞及其分析路径的失败命运。

如果多说几句的话，本来法国人之间的对立和刻板保守并对催眠术抱有敌意的德国人之间鲜有关联，但偏巧要命的是，那个一直在探索精神病治疗的弗洛伊德成了李厄堡和伯恩海姆的拥趸。尽管弗洛伊德在观察了南锡学派的实验后只短暂使用过暗示催眠法，并很快创立了自己的谈疗法(interview)，但催眠师对患者的支配力量却给他留下了深刻的印象。因此，和莫斯科维奇一样，我也相信，一如革命浪潮和催眠术的双元发展催生了勒庞的群氓心理学，1920年原本只关心个体心理及其情感纠葛的弗洛伊德向群体心理的转向，一样也是20世纪起"反犹主义"浪潮(它后来在奥斯威辛酿就的暴行丝毫不亚于雅各宾专政时的巴黎)和南锡学派的催眠实践结合的产物。只是如果将由力比多支配的爱的关系或情感联系视为构成"集体心理本质的东西"(弗洛伊德，1986：98)，领袖与群氓的关系就可以还原为作为家庭核心的父亲与其治下的儿子间的关系。如此，不仅在教会和军队之中每一个体是由力比多为纽带与自己的领袖(基督或司令)联系在一起的，群氓对领袖的崇拜也不过是一种因心理投射而产生的自居作用。简单说，此时他抛弃了自恋，转为他恋。

勒庞对领袖与群氓关系的论述虽然不尽人意，但却层次分明。如果说断言法、重复法和传染法涉及领袖操纵群氓的微观机制，领袖的威望对群氓的左右涉及借由人际关系或群集氛围所形成的中观影响，那么群氓产生的社会土壤及他们对领袖的依赖则构成了勒庞所欲讨论的宏观背景。后来，美国码头工人出身的哲学家埃里克·霍弗撰写《狂热分子》一书时，就直言任何领袖人物都不能凭空变出一个群众运动，而其中最重要的因素就是"必须有对现状强烈不满的人"（霍弗，2011：180）。在这一点上，勒庞的天才见解是：造就100年来因不满而聚众造反的人层出不穷的根源是法国当时的教育。正是那种大而无当的教育使得"工人不想再当工人，农民不想再当农民，中下层的资产阶级只想让其后代当吃皇粮的国家公务员……学到的知识派不上用场，这无疑会使普通人变成革命者"。如此，当社会生活中聚集着越来越多的失意者时，"知道如何使群氓产生幻想的人轻易就能成为其主人"（勒庞，2018：83—84，100）；而当造反者打碎所有国家机器，甚至打碎了原先带领他们造反但后来却踟蹰不前的领袖的脑壳，并最终导致了社会生活的全盘无序时，"他们（又）会寻求一位能够重建秩序的领袖"（勒庞，2004：48）。至此，领袖与群氓的鱼水关系呼之欲出，它也自然成了托克维尔在《旧制度与大革命》中揭示的革命为何导致了比其推翻的专制更甚的专制的后续说明。

《群氓心理学》或者说《乌合之众》的中译本已有40余种，这恐怕不但在社会科学著作的翻译中排名榜首，即使在整个西文迻译的历史上都世所罕见。这么多译本的流行，一方面说明勒庞的研究直击世人心扉，他道出了群氓心理学的隐秘奥秘；另一方面恐怕也反映了中国人尤其是中国知识界对群氓复出的担忧。远的不说，自近代以来，无论是太平天国、义和团、辛亥革命乃至十年"文化大革命"，还是"瓮安事件"或西安"保钓"抗议活动，每一次历史和现实的场景中都有群氓活跃而骇人的身影。从这样的意义上说，勒庞著作的热卖不仅具有深刻的理论意义，而且具有严峻的现实意义。

本书的译者陈璞君小姐本科毕业于四川外国语大学，随后在南京大学法文系攻读硕士和博士学位，十年寒窗一直专修法文，在法文和社会科学方面都受过严格的训练。不仅她的导师高方教授、高方教授的导师许钧教授都与我相识——许钧教授还是我多年的好友，而且她也经常在我授课的课堂和读书会上出没，算是我的私淑弟子。为此，当璞君小姐动手再译《群氓心理学》时，自然会获得我的鼓励，并以撰写中译本序言作为特别的嘉许。唯一抱歉的是，我平日里除了俗务缠身，自己想写的东西也太多，因此一拖再拖。好在寒假里终有空闲，一气写出，算是还债。也希望璞君的译本能够获得读者们的夸赞，并在勒庞研究的历史上留下印记。

是为序。

2018 年 3 月 3 日

参考文献

布林克霍恩，1994. 墨索里尼与法西斯主义意大利[M]. 吴杨，译. 上海：上海译文出版社.

蒂利，2009. 社会运动：1768—2004[M]. 胡位钧，译. 上海：上海人民出版社.

弗洛伊德，1986. 集体心理学与自我的分析[M]. 林尘等，译. 上海：上海译文出版社.

哈夫纳，2016. 解读希特勒[M]. 景德祥，译. 南京：译林出版社.

霍布斯鲍姆，2014. 革命的年代：1789—1848[M]. 王章辉等，译. 北京：中信出版社.

霍弗，2011. 狂热分子：群众运动圣经[M]. 梁永安，译. 桂林：广西师范大学出版社.

赖希，1990. 法西斯主义群众心理学[M]. 张峰，译. 重庆：重庆出版社.

勒庞，2004. 革命心理学[M]. 佟德志，刘训练，译. 长春：吉林人民出版社.

勒庞，2018. 群氓心理学[M]. 陈璞君，译. 北京：北京师范大学出版社.

马克思，恩格斯，2012. 马克思恩格斯选集（第1卷）[M]. 北京：人民出版社.

麦克莱兰，2014. 群众与暴民：从柏拉图到卡内蒂[M]. 何道宽，译. 上海：复旦大学出版社.

莫斯科维奇，2003. 群氓的时代[M]. 许列民，薛丹云，李继红，译. 南京：江苏人民出版社.

索雷，2015. 拷问法国大革命[M]. 王晨，译. 北京：商务印书馆.

托克维尔，1992. 旧制度与大革命[M]. 冯棠，译. 北京：商务印书馆.

中国社会科学院语言研究所词典编辑室，2016. 现代汉语词典[M]. 7 版. 北京：商务印书馆.

周晓虹，1993. 现代社会心理学史[M]. 北京：中国人民大学出版社.

Kruglanski, A. W. & Strobe W., 2012. *Handbook of the History of Social Psychology*[M]. New York：Psychology Press.

Merton, R., 1960. The Ambivalences of Le Bon's *The Crowd*[M] // Le Bon. *The Crowd*. New York：The Viking Press.

Mish, F. C., 1984. *Webster's Ninth New Collegiate Dictionary*[M]. Springfield，Mass.：Merriam-Webster Inc.

Pareto，V.，1935. *The Mind and Society*[M]. New York：Harcourt, Barce and Company Inc.

Tocqueville，A. de，1945. *Democracy in America* [M]. vol. I，New York：Vintage Books.

Weber，M.，1968. *Economy and Society*[M]. three vols，New York：Bedminster Press.

目　录

/ 序[①] /

环境与遗传赋予民族中个体的共同特征构成了这一民族的灵魂。

这些特征源于祖先且极其稳定。然而我们观察到，受到多种因素的影响，一定数量的人一旦聚集，他们源自祖先的特征会被注入一些新的特征，这些新特征有时与种族特征迥异。

它们构成了集体的灵魂，力量强大，但具有暂时性。

群氓在历史上一直起着重要的作用，但其作用从未像今天一样重大。群氓的无意识行为取代了个体的有意识行为则是当代的特征之一。

---

① 本书的第一版出版于1895年，此版保留了原版风貌。书中提出的观点和与之相悖的观点，如今都已成为经典。《群氓心理学》一书已被翻译成多种语言：英语、德语、西班牙语、俄语、瑞典语、捷克语、波兰语、土耳其语、阿拉伯语、日语等。阿拉伯语译本得益于埃及司法部长法缇·巴夏的帮助。日语译本诞生之前，本野一郎对作者进行了长时间的研究。本野一郎曾任日本驻圣彼得堡大使，后任日本外务省大臣。

/ 引　言　群氓的时代/

　　我们所处时代的转变——文明的更迭来自民众观念的变化——群氓力量是当代信仰的源泉——群氓的力量改变了国家的传统政治形态——非统治阶级的崛起与其力量的施展——群氓力量崛起的必然后果——群氓力量只具有破坏性——群氓的力量使衰落的文明加速瓦解——群氓心理长期被忽视——了解群氓的力量对于立法者及政客的重要性

重大的动乱先于文明的进步，这些动乱最初都是由一定规模的政治变动引起的：外族的入侵或是朝代的更替。然而一项研究引起了我们的注意，这一研究表明，在这些变革的表面原因背后，民众思想意识的深层变化才是真正的原因。真正的历史巨变往往不是因为它的规模或者暴力程度而闻名于世。真正重要的变革，应该是那些促进文明进步，并作用于想法、观念、信仰方面的变革。那些深入人心的变革是人们不动声色的思想变革的外现，这些变革之所以发生得并不频繁，是因为种族中代代相传的思想是其根基中最稳定的因素。

我们所处的时代是饱受批评的时代之一，人类的思想正处在转变的过程中。

以下两大因素是引发我们思想转变的基本因素：一是宗教信仰、政治信仰和社会信仰的毁灭，这些信仰正是文明产生的源泉；二是因现代科技和工业技术的发展而产生了新的生存环境和新的思想观念。

旧时代的观念尽管受到了冲击，但它们仍然很强大，取而代之的观念还处在发展的过程中，现今的时代是一个处于过渡时期且无序的时代。

在这样一个无序的时代中，人们很难预料将会发生什么。取代我们的群氓将建立在何种基本观念上？我们尚不清楚。但是从现在起，我们可以预见，在其形成过程中，一股新势力将加入其中——我们这个时代的最后支配者：群氓的力量。厚古薄今的观念或政权将逐渐被革命推翻的观点均遭到推翻，而群氓的力量是唯一值得被提出的，并且这一力量能很快地博采众长。旧时的信仰摇摇欲坠，最终消逝，古老的社会支柱相继坍塌，群氓的势力则不受任何力量的威胁，并且其威望正在不断扩大。当今的时代堪称群氓的时代。

仅一个世纪前，传统意义上的国家政治和国家间的竞争还依然占据着主导地位。群氓的观点常常被忽视。如今，传统的政治事务、统治阶级的派别和它们之间的斗争不再是大本大宗。群氓的声音变得举足轻重，左右着统治者的行动。这些声音不再来自议会，而是来自群氓之灵魂，这一群氓的灵魂对国家的命运起决定性的作用。

非统治阶级参与政治并逐步变成统治阶级，是我们这个正处于权力过渡时期的时代最突出的特点。这一现象原来并未受到重视，实际上，普选的影响力一直不大，大众最初也很容易被领导。群氓力量的崛起首先是因为一些思想逐渐深入人心；其次是一些个体逐渐联合在一起，将构想变成了理论。这一联合为群氓提供了形成观念的平台，哪怕这些观念不那么正确，但是至少明确了他们的利益，让他们意识到了自己的力量。工会正建立在这些思想之上，任何权力在工会面前都要让步。劳工联合会也因此建立，他们不顾经济规律，试图统筹劳资环境。他们还向议会输入了一些代表，这些代表既没有权利也没有自由，只是充当推选他们的委员会在议会的口舌。

如今，群氓的呼声日益清晰，他们试图彻底推翻他们所处的社会，将其领入共产主义初级阶段，回到文明诞生前一切人类群体的常态。他们要求限定工作时间，剥夺统治阶级对矿产、铁路、工厂和土地的所有权，他们要求平均分配物资，消除两极分化……

群氓不善推理，却善于付诸行动。现有的组织形式夸大了群氓的力量。如今诞生的信条将取代原有的信条，也就是说，专制王权将受到争议。群氓的权力将取而代之。

受到资产阶级欢迎的作家所代表的思想有局限性，他们目光短浅，缺乏怀疑态度，有时过分自私。在面对日益扩大的新力量时，他们惊慌失措。为了结束思想混乱的现状，他们不惜借助于曾被他们蔑视的教会道德观。他们宣扬科学的失败，将我们召唤在神的启示下。然而这些新的皈依者忽视了——如果神的恩泽真的感染了人们，人们也会对此无动于衷，因为他们已经对此漠不关心了。群氓如今已不再需要上帝——他们曾经的统治者背弃并毁灭的上帝。覆水难收。

科学没有一丝破产的迹象，科学也并非服务于无政府主义思想，更不服务于在这一思想中日益壮大的新兴力量。科学提供给我们的只有真理，至少是我们的智力水平所能及的知识；科学从未向我们许诺过和平或者幸福。与我们的主观情感完全不同，科学从不顾及我们的哀号，被科学否定了的幻想一旦破灭便无法重现。

所有国家都出现了大量群氓力量激增的征兆。无论它将给我们带来什么，我们都必须接受。反唇相讥无疑是徒劳的。群氓意识的凸显可能是西方文明的最后一个阶段，混乱的无政府时期的重现是新的社会形式诞生的前兆。然而我们又该如何去阻挡？

时至今日，所有古老文明的毁灭都充分显示了群氓的力量。历史经验告诉我们，当社会的主干，即道德的力量不再起作用时，野蛮和无知的民众将如同野蛮人一般促成社会的最终解体。少部分贵族阶级的精英，而非群氓，创造并引领了文明，群氓只具备毁坏文明的力量，他们的统治永远处于混乱的阶段。文明包含着准则、纪律、通往理性的本能之路、对未来的预见以及文化程度的提高，而群氓无法达到这些要求，因而只能放弃。他们的能量只具有破坏性，就像病菌侵入虚弱的或垂死的身体。当文明的大厦坍塌，群氓带来了毁灭。这就像是他们的职责一般。目前看来，群氓的力量是盲目的，这是我们从历史中得到的唯一法则。

我们的文明是不是也是如此？我们本应担忧，但我们对此仍旧不予理睬。

我们忍受着群氓的统治，因为缺乏远见的乌合之众会接连推翻一切存在着的障碍。

我们对这些我们刚开始谈论的群氓还不甚了解。心理学家的研究领域与之相距甚远，对他们一直缺乏关注，仅仅关注了他们可能犯下的罪行。犯罪群氓无疑是存在的，但道德高尚的群氓、英勇无畏的群氓或其他类型的群氓也同样存在。群氓的集体犯罪行为只是群氓心理的一种特殊情况，并不能用它来研究他们的精神结构，正如我们不能只通过描述一个人的罪行来了解这一个体。

然而事实上，世界的主宰者、宗教的开创者、帝国的缔造者、一切信仰的使徒、杰出的政要乃至一个小团体的头目，都是潜在的心理学家，他们对群氓的灵魂有着本能的准确认知。这些认知使他们轻易地成为主宰者。拿破仑非常了解法国民众的心理，但是对其他种族的心理却不甚了解。[①] 这种无知给他带来了阻碍，这一阻碍尤其体现在对西班牙和俄国的战役中，这注定了他的失败。

政客把对群氓心理的认知当作一种对策，并非为了控制他们——如今的情况着实非常复杂，只是为了不被群氓完全操控。

群氓心理表明法律和法规既不能作用于群氓的本能的冲动，也不能作用于与它们有关的任何观念。建立在纯粹理论之上的公平法则对此也毫无作用。只有群氓灵魂深处的感受才是诱因。例如，一个立法者想要建立新的税种，他会选择最契合理论的税种吗？答案是否定的。最不合理的或许才是最容易被群氓接受的，只要没有在表面上有所体现或是显得负担最小就会被群氓接受。哪怕是沉重的间接税，群氓也都会接受。每天从消耗品中抽取一点，并不

---

① 拿破仑身边最洞察入微的顾问也忽略了其他种族的心理。塔列朗在给拿破仑的信中写道："西班牙民众将像迎接救星一般迎接法军。"实际上，西班牙人将法军视作野兽。任何一个对西班牙世代相传的种族天性有所了解的心理学家都能轻易预见这一结果。

会干扰到群氓的习惯，也不会引起人们任何强烈的感受。如将其换成与收入或者其他所得成比例且需一次性支付的税收，哪怕是前一种税的十分之一也会引起一致的抗议。事实上，每天少量的税费累积起来的税额相对更多，且数量可观。如将这笔钱一分分扣除则不易被察觉，这一经济过程体现的正是群氓的短视。

上述事例清楚地体现出群氓的心态。像拿破仑这样善于分析心理的人并未忽略这一点；立法者们如果忽略了群氓的灵魂，恐怕就无法理解这一点了。经验教训不足以使他们明白群氓从未受制于纯粹理性。

对群氓心理的其他研究将重心投向了对诸多历史事件和经济事件的研究，这类事件如不考虑群氓的心理因素，将无法被理解。

哪怕只是为了满足好奇心，对群氓心理的研究也是值得的。对群氓行为的动机的探索就像研究一块岩石或一株植物一样有趣。

我们对群氓的灵魂的探讨只是泛泛而谈，是对我们研究的简单综述。我们只是从中获得了一些具有启发性的观点，这些观点有待进一步研究。今日之举犹如拓荒者在开垦一块未经开发的土地。①

---

① 正如我上文所提到的，为数不多的研究群氓心理的心理学家将目光仅局限在犯罪领域。我只用了较短的章节来谈论这一主题。我参考了塔尔德的研究和西盖勒的《犯罪群氓》（*Les foules criminelles*）一书，此书的内容并不是作者的个人观点，而是具体心理学案例的编纂。我对于群氓的犯罪心理和道德观的结论与上述两位作者完全不同。在我的作品中，尤其是在《社会主义心理学》（*La psychologie du socialisme*）一书中，我谈到一些具有结论性的法则支配着群氓心理。这些法则可用于其他领域。布鲁塞尔皇家音乐学院院长弗朗索瓦·奥古斯特·盖瓦尔特近日也发现上述法则还能用于音乐领域，这一非凡的发现被他确切地称为"群氓的艺术"。这位杰出的教授给我写信并寄来他的论文，他在信中说："正是您的两部作品解决了我长久以来无法解决的问题：对于音乐作品，无论是近代的还是古代的，国内的还是国外的，简单的还是复杂的，只要由演奏者们在充满激情的乐队指挥的指挥下奏响，群氓对该作品的感知能力便是令人震惊的。"更令人高兴的是，盖瓦尔特先生解答了为什么"一些音乐无法获得独自一人在工作室读谱的杰出音乐家的认可，却一下子就吸引了众多对音乐技巧一窍不通的听众"。他还着重解答了为何这些审美感知的变化不易被察觉。

第 一 卷

群氓的灵魂

/ 第一章　群氓的一般特征、群氓精神一统律 /

心理学角度的群氓构成——个体的聚集不足以构成群氓——群氓的心理特性——个体思想和情感的固有趋向及其个性的消失——群氓常常受到无意识因素的支配——脑力活动的衰退，脊椎活动取而代之——智力的下降和情感的改头换面——产生变化的群氓情感或优于或劣于那些组成群氓的个体的情感——群氓同时具有英雄性和犯罪性从一般意义上说，"群氓"一词指的是任意个体的一种聚集，无论他们来自哪个国家，从事什么职业，是什么性别，也不管是什么机缘巧合使他们聚在一起。

从心理学的角度看，"群氓"一词的含义则完全不同。在某些特定的情况下，并且只在这些情况下，这群人会表现出极不同于个体的新的特质。他们有意识的个性消失，情感和思想聚往同一个方向。集体的灵魂由此形成。这种集体的灵魂可能是暂时的，但是却表现出一些非常鲜明的特点。由于没有更好的说法，我姑且将这一变化了的群氓称为有组织的群氓，如果愿意，我们可称之为心理群氓。它形成了一种独立的存在，并服从于群氓精神一统律。

一些个体偶然聚集在一起，这并不能给予他们有组织的群氓特征。众人如果因为偶然聚集在一起，没有任何明确的目的，是无法组成心理群氓的。为了具备心理群氓的特殊特征，我们需要在下文中对某些激化因素的影响的本质予以确定。

有意识的个性的消失和情感、思想聚往同一个方向，是形成有组织的群氓的第一步，但这并不总是意味着一些个体同时集中在一起。成千上万分散的个体在一定的时刻，在一些激烈情绪的驱使下，如全国性的重大事件，能够获得心理群氓的特征。在这种情况下，任何一个巧合都足以使他们聚集在一起获得群氓行为的特有形式。在历史上的一些时刻，六七个人就能组成心理群氓，而上百个个体的偶然聚集却无法形成心理群氓。另外，有些民族并没有聚集在一起，有时却会在某些影响的作用下形成群氓。

群氓在心理上一旦形成，就会获得一些暂时存在而又明确的普遍特征。这些普遍特征中会存在一些具体特征，这些具体特征会因构成群氓的个体的不同而变化，并且引起精神结构的变化。

因此，我们可将心理群氓进行分类。通过对这一分类的研究，我们看到，异质性群氓（由不同成分组成的群氓）会表现出与同质性群氓（由大体相同的成分组成的群氓；因宗派、身份和阶级因素组成的群氓）相同的特征。除了这些共同特征以外，这两类群氓还存在一些各自的特点，这些特点使它们互不相像。

我们在研究群氓的不同特征之前，应先考察一下它们的共性。我们像自然学家一样，先研究同科植物的共性，再研究同科下不同属、种的植物的特性。

群氓的灵魂不易被描述，因为它的组织不仅会因种族和群体构成上的不同而不同，还会因为它们承受的刺激因素的性质和强度的不同而产生差异。在研究个体心理时，我们也会遇到相同的困难。小说中的人物性格通常是固定不变的，在现实生活中却并非如此。只有在单调的环境下，个体才会形成明显的一成不变的性格。我曾在其他作品中指出，一切精神结构都包含具有各自可能性的性格特点，这些可能性会因为外界环境的突变而表现出来。正因为如此，最凶残的国民公会议员在常态下都是与世无争的平民，他们本该是平和的公证人或温和的公务员。动荡之后，他们恢复了常态。拿破仑在他们中找到了最顺从的公民。

在此无法仔细研究群氓是如何一步步形成的，我们着重研究的是形成完全组织化群氓的那一阶段。这样我们就可以看到群氓的变化，而不是他们的固有状态。只有在这一阶段，一些新的特征会加入原有的根深蒂固的群氓特征中，使群氓的感情和思想具有同向性。我前文提到的群氓精神一统律只有在这种情况下才会表现出来。

群氓的一些心理特征与一些独立个体的特征一致；其他的则相反，是集体特有的心理特征。我们将首先研究这些群氓所特有的心理特征，从而揭示其重要性。

一个心理群氓会表现出以下令人印象深刻的事实：无论这一群氓由怎样的个体组成，无论这些个体的生活方式、职业、性格或智力水平相同与否，形成群氓这一事实使他们获得了一种集体灵魂。这种集体灵魂使他们的感情、思想和行动完全不同于他们原来处于独立状态时的感情、思想和行动。一些思想和情感只有在形成群氓的个体身上才会出现或转变为行为。心理群氓存在的时间很短暂，由异质成分组成。这些异质成分的结合就像是一些细胞结合在一起构成一个新的生命体，这个生命体具有一些与单个细胞完全不同的特征。

与睿智的哲学家赫伯特·斯宾塞笔下的观点恰恰相反，我们惊讶地发现在形成群氓的人群中并不存在个体的总和或平均值，只有突生性质。就像某些化学物质一样，如酸和碱，酸碱中和后形成了新的物质，与形成它的酸和碱的属性完全不同。

群氓中的个体与独立的个体的区别显而易见，然而要想找出造成这些区别的原因却并非易事。

为了找到这些原因，我们首先不能忽视现代心理学的研究成果：无意识现象不仅仅存在于有机体中，更存在于智力活动中，并在其中起到举足轻重的作用。精神生活中的有意识成分与无意识成分相比，只不过是冰山一角。洞若观火的精神分析学家和明察秋毫的观察家也只能发现主导无意识行为的少许动机。我们的有意识行为来自受到遗传影响的无意识基质。这种心理基质中隐藏着不计其数世代相传的特质，正是这些特质构成了一个种族的灵魂。我们行为背后的一些隐藏的原因不被我们所了解。大多数日常行为的原动力都是这些被我们忽视的隐藏原因。

正是这些无意识成分构成了种族的灵魂，使得这一种族中的个体与个体相似。个体之间的差异则源于那些有意识的方面，也就是教育的成果，尤其是那些独特的遗传特征将人们区分开来。人与人之间最大的差异体现在智力水平上，有时他们在本能、情感和观念上是一致的。而在情感范畴里——宗教、政治、道德、热爱、憎恨等，最杰出的人也未必比普通人高明。一位卓越的数学家和他的鞋匠在智力上可能有天壤之别，但是在性格和信仰方面，他们的差距常常很小，甚至不存在任何差别。

而这些性格的一般特质由无意识成分所支配，一个种族中的大多数人几乎都在同等程度上具备这些特征。确切地说，这些特征才是群氓所具有的共性。身为集体的一员，人的才智与天分被削弱，个性因而被磨平。异质性在同质性中湮没，无意识的特征占据主导地位。

群氓才智平平，正是这一事实解释了为什么群氓无法完成需要高智力才能完成的工作。涉及利益的决定一般都由精英阶层做出，而当这些决定涉及完全不同的领域和专业的时候，精英阶层做出的决定并不会比一群蠢货做出的决定高明。事实上，他们仅仅是将所有普通人拥有的才智结合起来。在群氓中，得以积累的不是聪慧，而是中庸。我们常说，众人的智慧胜于伏尔泰，其实并非如此，如果"众人"指的是群氓的话，伏尔泰的智慧无疑胜过众人。

如果群氓中的个体只是满足于将他们的一般品质合并，那他们本应该拥有中等的智力水平，而并非像我们前文所提到的那样产生新的特质。这些新的特质是如何产生的呢？这是我们即将探讨的问题。

形成群氓的特质的原因有以下几点。首先，群氓人数众多，群氓中的个体会由此获得不可阻挡的力量，释放出一直被抑制的本性。群氓是无名的，因而个体无须承担责任，牵绊个体的责任感完全消失，个体的意愿则更加强烈。

其次，精神上的传染也是群氓特征产生的原因，同时也决定了其倾向。这一传染很容易被察觉出来，却从未得到合理的解释。我们应将这一现象看成催眠，并在下文中进行探究。在群氓中，每一种情感、每一个行为都有传染性，甚至使个体为了集体利益而牺牲自身利益。这种违背天性的心理倾向的出现正是因为个体是群氓的一员。

最后，也是最重要的一个原因：群氓中的个体的一些特质与个体独立存在时的个性截然不同。这个牵涉到暗示感受性，精神上的传染就是暗示感受性的具体表现。

为了理解这一现象，我们需要了解生理学方面的一些最新发现。我们如今了解到个体处于的是一种丧失有意识的个性并听从所有指令的状态，使他丧失个性的人发出这些指令，令他做出违背个性和习惯的举动。细致的观察表明，个体被裹挟进群氓之流一段时间之后，很快就会处于一种特殊的状态——因为催眠术中的磁流或其他我们不知晓的原因。这种状态类似于被催眠师催眠了的迷惑状态。被麻痹的大脑沦为所有无意识活动的奴隶，听任催眠师摆布。他们有意识的个性丧失，意志和判断力也被摧毁。他们的情感与思想被催眠师掌控。

这就类似于群氓中个体的状态。个体无法意识到自己的行为。正如在催眠过程中，人的一部分才能遭到摧毁，而其余的能力却得到极大的增强。暗示的影响使个体为了完成一些行为而变得异常冲动。这种冲动在群氓中产生的作用比在催眠中产生的作用更势不可当，因为这种暗示对所有个体都有效，并且具有相互性。群氓中很少有人具有足以抵抗暗示的强大特质，就算有，他们也会被潮流卷走。他们至多是受到了其他暗示的影响而试图抵抗。一句恰当的话或一个适宜的场景，有时就能平息群氓最为暴力血腥的行为。

因此，有意识的个性衰减，无意识的人格占据主导，情感和观念因为暗示和传染的作用而转向同一个方向，以及将受到暗示的观念立即变为行动的倾向，均为群氓中个体的特点。个体不再是原来的自己，他们变成一个个木偶，不再受意志力的引导。

仅仅因为个体是群氓中的一员，这一事实便使他在文明阶梯上倒退数步。个体在独立存在的时候是明智的，而当这个个体是群氓中的一员时，他就变成了一个受本性驱使的野蛮人。其行为会具有自发性，变得暴戾残忍，同时又具有原始人的热情与英雄主义。个体会轻易受到言辞和图像的影响，并且做出不顾及自身显而易见的利益的举动。群氓中的个体就像一粒沙，被其他沙粒裹挟着，任凭风的意志决定自己的走向。

正因为如此，我们看到，如果让陪审团成员一个个单独评审，有些判决不会被通过，而当他们形成陪审团时，这些判决便通过了。当国民公会的成员们分开时，他们都是一些举止平和的公民。当他们集结成群氓，在某些领导者的影响下，他们会毫不犹豫地把最无辜的人送上断头台。他们会站在自身利益的对立面，放弃自己不可侵犯的权力，甚至自相残杀。

群氓中的个体不仅仅在行为上不同于常态下的自己。甚至在完全失去独立身份之前，他们的观念与情感就已经发生了转变，他们甚至可以把守财奴变为拜金者，把怀疑论者变为信徒，把老实人变为罪犯，把懦夫变成英雄。在1789年8月4日那个不寻常的夜晚，贵族满腔热忱地投票放弃了所有的特权，而如果将他们分开单独投票的话，没有一个人会投赞成票。

　　从以上实例中，我们可以得出以下结论：群氓的智力水平永远低于孤立存在的个体。但是如果从情感或者由情感引发的行为的角度来评判，那么在不同的情况下，群氓可能优于个体也可能劣于个体。一切都取决于暗示的方式。只从犯罪角度研究群氓的作家恰恰对这一点不甚了解。群氓的确在很多情况下都具有犯罪性，但他们也常常具有英雄性。轻而易举就可以使他们为了信仰或者思想的胜利牺牲自己，使他们对荣誉和尊严充满热情，使他们在没有粮食没有武器的情况下战斗。例如，在宗教战争中，他们向异教徒讨回上帝的墓地。又如1793年，他们为了捍卫祖国的领土而战斗。英雄主义显然有无意识的一方面，但历史的发展正是得益于这些英雄主义。如果不将功劳归于民众而是归于由理性引导的重大事件，那世界历史年表将会苍白许多。

/ 第二章　群氓的情感和道德/

1. 群氓冲动、多变、易怒——群氓是一切外部刺激的傀儡，并且反映出外部刺激的不断变化——群氓的冲动如此专横以至于牺牲个人利益——群氓从不事先考虑——种族的作用力

2. 群氓易受暗示、易轻信——服从于暗示——脑中被唤起的形象被群氓当作现实——为何群氓中的所有个体拥有一致的幻想——智者和蠢货在群氓中一样——群氓中的所有个体都是错觉的目标的诸多例证——群氓的证词不可信——诸多证词的一致性是还原事实最糟糕的证据——历史书的微弱价值

3. 群氓情感的夸张化与简单化——群氓毫不怀疑且毫不犹豫地走向极端——群氓的情感总是极端的

4. 群氓偏执、专横、保守——这些情感的产生原因——群氓屈服于强权——群氓短暂的革命本能并不阻碍

群氓体现出极端保守——群氓对改变与进步具有本能的敌意

5. 群氓的道德观——群氓的道德受暗示的影响，因而与组成群氓的个体相比可高可低——解析与实例——群氓很少被利益左右，利益是独立个体行为的主要动因——群氓的训诫作用在粗略地揭示了群氓的主要特征之后，我们下面将在细节上研究这些特征。一些群氓的特征，如冲动、易怒、丧失理性、缺乏判断力、缺乏批评精神和过分感性等，常出现在一些低级进化的生命体形式中，如野蛮人和孩童。这一点我将一笔带过。针对这一点的论证超出了本书的范围。何况对于了解原始人心理的人来说，这显得画蛇添足，对于那些对此一无所知的人来说却又是难以令其信服的。

现在我就一一阐述群氓那些容易被察觉的诸多特征。

1. 群氓冲动、多变、易怒

群氓，正如我们上文在研究其基本特征时所说的那样，几乎完全受无意识的摆布。群氓的行为更易受到脊髓的影响而非大脑的影响。群氓在完成行动的过程中堪称完美，但是大脑并不领导这些行为。个体因偶然的刺激而采取行动。群氓是一切外部刺激的傀儡，并且反映出外部刺激不断的变化。因此，群氓是其所受刺激的奴隶。独立的个体和群氓中的个体一样会受到各种刺激；但独立个体的理智会使他明白让步的弊端，因而他不会退让。我们可以从生理学的角度定义这一现象，即独立的个体具备控制自身反应的能力，而群氓缺乏这一能力。

群氓在受到刺激之后，还受到各种冲动的支配。这些冲动或仁慈或凶残，或英勇或胆怯，然而这些冲动总是如此专横，以至于保全自身的利益都要为其让路。

使群氓受到暗示的刺激因素多种多样，群氓总是服从于这些极为多变的刺激因素。我们曾见识到这些刺激因素在转瞬间从最血腥的凶残变为绝对的仁慈或绝对的英雄主义。群氓很轻易地就会变得残忍，但也会轻易地变成殉道者。正是他们血流成河的拼搏才换取了每一种信仰的胜利。追溯到英雄的时代去了解群氓的能力是无用的。群氓在起义中不惜生命，就在不久之前，一位突然名声大震的将领，轻易就可以找到上万人为他抛头颅洒热血。

在群氓中不存在事先考虑一说。在当前刺激的影响下，群氓会逐一经历与其对立的情感。群氓如同暴风中的落叶，四处飘散。我们在下文研究一些具有革命性的群氓时，将提供一些案例以证明群氓情感的多样性。

群氓的这一易变性使得他们很难被统治，尤其是当一部分公共权力落入他们手中的时候。一旦日常生活的必需条件对各类事件不再具有调节能力，民主将不复存在。群氓的愿望尽管疯狂却并不长久。此外，群氓不具备深谋远虑和进行思考的能力。

群氓不但冲动多变，如同野蛮人一般，他们还不承认愿望和实现这一愿望之间存在着的障碍。人数上的优势给他们带来无法抵挡的力量。对于群氓中的个体来说，不存在"不可能"这一概念。独立的个体很清楚他们自己无法烧毁宫殿或抢掠商店，这些意图不会控制住他们的思想。作为群氓的一部分，个体能意识到其所属群氓在人数上赋予他的力量，从而会立即萌发烧杀抢掠的念头并听从自己的这一意愿。始料未及的障碍会被狂暴地摧毁。如果狂怒是人体机能的秉性，那我们可以说受到阻碍的群氓的正常状态就是这种狂怒。

种族的基本特点将渗入群氓的易怒、冲动、多变，以及我们将要研究的所有具有普遍性的情感之中。我们的情感在这块多变的土壤上萌发。群氓无疑是易怒、冲动的，但其程度却有很大的差异。例如，一个拉丁民族组成的群氓和一个盎格鲁—撒克逊民族组成的群氓就有天壤之别。历史上近年来发生的一些事件就是这一点的生动体现。1870 年，一份带有侮辱性质的虚假电报的公布就足以引起人们的勃然大怒，并立即引发了一场恐怖的战争。几年以后，一张报告了军队在谅山稍有失利的电报被公布于众，再次引起愤怒的呼声，人们立即推翻了政府。与此同时，英国军队在远征喀土穆时更为严重的失败在英国只引起了轻微的不满，没有一个大臣因此被调动。各地的群氓都具有女性的特点，而最明显的要数拉丁民族组成的群氓。一旦取得他们的信任，其地位将会被迅速提升，但却如同一直行走在泰比亚岩①巅，终有落入深渊的一天。

2. 群氓易受暗示、易轻信

我们已经指出群氓的一般特征之一就是易受暗示，我们还明确地指出，在人类聚集的任何地方，暗示都是具有传染性的；这便解释了情感为何会向一个特定的方向极速转变。

即便我们认为群氓是中立的，群氓仍常处于对既定答案的期许中，暗示会立即通过传染侵入所有的大脑，并马上明确方向。受到暗示的人会将萦绕于心的念头转变为行动。无论是焚烧宫殿还是为了完成某一事业而牺牲自我，

---

① Tarpéienne，位于罗马的一块岩石。在古罗马时期，人们常将罪犯从泰比亚岩巅扔入深渊。——译者注

群氓都能轻易做到，一切都取决于刺激因素的性质。与孤立的个体不同，这些行为也取决于受到暗示的行动和理性之间的关系，而理性与行为之间可能是对立的。

　　同样，有些人一直在无意识的边界上漫步，经受着一切暗示，并受到强烈情感的刺激。这种强烈的情感是不受理性支配的人所特有的，缺乏批判精神。群氓表现出来的只有极度的轻信。对于群氓来说，不存在不可能，必须在了解这点之后我们才能明白人们为何能轻松地创造出最荒谬的传说和故事并加以传播。①

　　在群氓中被轻易传播的传说并不仅仅是极度轻信的结果，同时集中在一起的个体对发生的事情的想象也使之发生了惊人的变化。群氓会将他们见到的最简单的事情进行歪曲。群氓通过形象进行思维，而被想起的形象又唤起了一系列与第一个形象没有任何逻辑关系的其他形象。我们很容易因此联想到我们自己有时会因为一个事情产生一系列奇怪的想法。理性告诉我们，相似的图景之间并无关联性，而群氓对此视而不见，并在其中加入歪曲的想象，将两者混淆。群氓无法区分主观与客观，常常将脑中产生的

---

　　① 巴黎人多次见证过群氓轻信了几乎不可能发生的事件。顶楼的一丝烛光都会被看作向围攻者发出的信号，但人们稍加思考就会发现，在远处根本无法看见这微弱的烛光。

幻想当作现实。他们脑中的这些被唤起的形象与人们观察到的实际情况往往有很大的差距。

群氓对所见之事进行歪曲时方式繁多并且方向多变，因为组成群氓的个体性格迥异。但这无关紧要。通过传染，这些被歪曲了的事实对于组成群氓的所有个体来说同质同向。群氓中第一个歪曲该事实的人构成了具有传染性的暗示核心。在耶路撒冷的墙上，在面对所有的敌人之前，肯定有一个人先看见了圣乔治。通过暗示和传染，神迹顷刻间被所有人接受。

历史上经常出现这种集体性的错觉机制，这一机制还具有真实性所具有的所有基本特征，毕竟涉及的对象是成千上万人亲眼所见的。

群氓中个体的智力品质并不能反驳这一原则。这一品质无足轻重。人们一旦形成群氓，无论是无知还是博学，都将失去观察的能力。

这个论点似乎自相矛盾。为了证明这一点，我们需要回溯参照大量历史事实，几卷书是远远不够的。

为了打消读者认为这些说法没有根据的想法，我在下文中将随意列举几个事例。

下例便是最典型的例子之一，是从由各类个体组成的群氓的集体性传染中选出的一例，这些个体中既有无知的人，也有受过教育的人。这是海军上尉朱利安·费利克斯在他关于海流的书中偶然提及的。

护卫舰"贝勒·波拉"号在海中航行，寻找着因为暴风雨而与它失散的小型护卫舰"波索"号。那天晴空万里，光线很好。突然，瞭望水手发现了一艘随波逐流的小船。船员们顺着他指的方向望去，所有人，无论是军官还是水手都清楚地看见一艘载满人的木筏被正在发出求救信号的小船牵引着。海军上将德弗斯派出一艘救生艇去营救遇险者。救生艇逐渐靠近遇难船只，军官和水手们号称看见"船上有很多人张开双手呼救，并且听见了很多人低沉杂乱的呼救声"。当抵近那艘人们口中的船时，人们才发现他面对的仅仅是几根树桩，这些树桩被树叶缠绕在一起。面对如此明显的事实，错觉不攻自破。

这一事例清楚地揭开了我们前文已经提及的集体性错觉机制的面纱。一方面，群氓处在有所期望的关注状态；另一方面，瞭望水手发出了海中有失事船只的暗示，这一暗示通过传染被在场的所有人接受，无论军官还是水手。

群氓不需要凭借人数上的优势就可以丧失看清事实的能力，也可以用与真实情况毫无关联的错觉取代事实。诸多个体集中在一起形成群氓，即使他们是一些卓越的学者，他们在自己的领域外也会具有群氓所具有的所有特征。他们每一个人曾经具备的观察能力和批判精神都将不复存在。

才思敏捷的心理学家达维先生为我们提供了一个很值得注意的例子，《心理学年鉴》(*Annales des sciences psychiques*)也报道过此事，非常值得我们在此处列举。达维先生首先将杰出的观察者们召集起来，其中包括英国最博学的人之一——华莱士先生。达维先生在让他们仔细观察了实验对象并在任意处标记特点之后，向他们演示了所有经典的通灵现象：灵魂显现，文字出现在石板上等。而后这些卓越的观众提供了一些报告，证明他们看到的现象只能通过超自然的方式获得。最后，达维先生向他们揭露其实那是一桩骗局。"达维先生这一研究中最令人吃惊的，"报道该事件的记者写道，"并不是过程本身的巧妙，而是外行目击者提供的这些极度不可靠的报告。"记者继续说道："因此，这些目击者会提供大量确定性的描述，而这些描述是完全错误的，但是结果却是，如果我们将他们的叙述当作事实，他们所描述的现象用骗术的确无法解释得通。达维先生发明的这些方法如此简单，我们惊叹于他敢于将如此简单的方法付诸实践；而他对群氓的思想正是具有这样的能力，即让群氓相信自己看见了不曾看见的东西。"这便是催眠师对于被催眠者的能力。我们见证了这一能力对那些智商较高、事先会产生怀疑的人都起到了不小的作用，随之也就可以理解这一能力多么容易就可以使普通群氓产生错觉。

类似的例子不计其数。几年前，报纸争相转载两个在塞纳河溺死的小女孩复活的故事。十几个目击者都肯定了这两个孩子的身份。面对如此一致的证词，预审法官没有丝毫的怀疑。他签署了死亡证明。当人们在筹备葬礼的时候，一次偶然使人们发现被当作溺死者的孩子仍然完好无损地活着，并且与真正溺死了的孩子差别很大。和前文所列出的例子一样，第一个目击者的证词，即有错觉的受害者的证词，足够对其他人产生暗示。

在相似的例子中，暗示总是因为个体或多或少模糊的记忆造成的错觉而开始，然后通过肯定了这一错觉进一步传染。如果想要第一个观察者轻易被影响，只需要尸体呈现出他认为的——除了确凿的相似之处之外——一些特点，一块伤疤或着装的细节，使他联想到其他人。这一被唤起的想法从而成为某种凝聚的内核，侵袭理解力，麻痹所有的批评能力。此时观察者看到的不再是客体本身，而是他脑中被唤起的画面。这也解释了为什么连孩子的亲生母亲都会将其认错。这一情况虽是老生常谈，但也准确体现出我上文提到的产生暗示的两个步骤。

另一个孩子认出了这个孩子——但他弄错了。一系列不准确的辨认由此展开。

我们见证了这一非比寻常的事件。就在那个学生辨认出尸体的第二天，一个妇女喊道："啊！上帝啊，这是我的孩子！"

人们将她领到尸体旁，她检查了他的衣物，又看到了他额头上的伤疤。"这就是我那可怜的儿子。"她说道，"他去年七月就失踪了。他一定是被人拐走后杀害了！"

这个女人是福尔街的看门人，姓夏凡德雷。人们还叫来了她的姐夫，他毫不犹豫地说："这就是小费利贝。"这条街上看着费利贝·夏凡德雷长大的多名住户都进行了确认，更不用说他的老师，他以一枚死者佩戴的徽章对其身份进行了确认。

但是，邻居、姐夫、老师和母亲都弄错了。六周以后，死者的身份得到了确认。这是一个来自波尔多的孩子，在波尔多被害，后被抛尸于巴黎。①

我们注意到妇女和儿童在识别过程中通常会犯这样的错误，更准确地说，应该是最易被感染的人群易犯这类错误。这也揭示了这种证词在司法上应有怎样的价值。尤其是

---

① 《闪电报》(*Éclair*)，1895 年 4 月 21 日。

儿童的证词，永远不应该被采纳。法官重复强调孩子不会撒谎实属陈词滥调。他们只要稍稍了解一些心理学知识就会知道，与这一观念相反，儿童几乎总是在撒谎。谎言可能是无辜的，但谎言仍旧是谎言。与其相信一个孩子的证词，还不如像我们经常做的那样用掷硬币的方法决定被告是否有罪。

让我们回到群氓在观察方面的问题上，我们得出的结论是，集体的观察是所有观察中最易出错的，并且常常会把某一个体的错觉通过传染和暗示传递给其他人。

无数的事实证明我们不应该信任群氓的证词。数千人参加了色当之役中骑兵队的那场著名的进攻，然而面对相互矛盾的目击证词，我们甚至无法得知这次进攻由谁指挥。在最近的一本书中，英国将军沃尔斯利证实至今在关于滑铁卢战役的大量叙述中还存在诸多严重的错误，然而这些叙述曾被很多人加以证实。①

①　我们知道一场战役是如何发生的吗？对此我深表怀疑。我们只知道谁获胜谁失败，对剩下的一无所知。德哈考特先生是索尔费里诺战役的参与者与见证者，他所叙述的索尔费里诺战役适用于其他所有的战役："将军们（当然是在询问了数百个目击者之后）递交了他们的官方报告；特派官对这一文件的顺序进行调整，拟定最终的方案；参谋长提出异议并在此基础上重做一遍。我们将这份报告呈给元帅，他喊道：'你们完全搞错了！'他又会用一份新的报告来代替原有的那份。这时最初那份报告的内容已所剩无几。"德哈考特先生用这一事实证明了我们无法了解哪怕是最激动人心、最观察入微的事件的真相。

我再次重复，所有这些例子都说明了群氓证词的价值。逻辑学的论述统一了诸多证词的一致性，使之属于有力说明确切事实的证据范畴。但是我们对群氓心理的了解告诉我们，这些论述在这一问题上产生了诸多偏差。疑点最多的事件肯定就是那些见证者最多的。一个事件如果被数千个目击者同时确认，那事实肯定与大众接受的叙述相距甚远。

从以上内容中，我们应得出明确的结论：历史书是纯粹想象的产物。它们是对缺乏观察的事实缺乏根据的叙述，并掺杂着事后杜撰的解释。假如历史没有给我们留下文学作品、艺术作品和不朽巨著，那我们将对现实一无所知。关于那些对人类有卓越贡献的伟人的生活，如赫丘利斯、释迦牟尼、耶稣和穆罕默德，我们对他们的生活有哪怕一个字的真实记录吗？答案很有可能是否定的。进一步说，他们的真实生活对我们来说无足轻重。给群氓留下深刻印象的是传说中的英雄，并非现实中的英雄。

不幸的是，传说没有定本。群氓的想象力伴随着时间的流淌，尤其会在不同的种族中不停地改变着传说。《旧约》中残暴的耶和华与圣德肋撒心目中充满爱的上帝相距甚远，中国人崇敬的菩萨与印度人崇拜的菩萨也没有任何共同点。

群氓的想象力对传说的改变并不需要几个世纪之久，

有时只需要几年的时间。今天那些关于最伟大的历史英雄的传说与五十年前的那些传说相比，已经发生了几次变化。在波旁家族统治期间，拿破仑过着田园生活。他慷慨而大度，是百姓的益友。在诗人的吟唱中，他将永远活在百姓心里。三十年之后，温厚的英雄变成了嗜血的暴君，变成了权利与自由的篡夺者，牺牲了三百万人的性命来满足自己的野心。直到现在，传说仍在改变。几千年以后，当未来的研究者面对这些自相矛盾的叙述时，或许会质疑英雄的存在——正如我们有时会质疑释迦牟尼的存在一样，在他们身上看到的只有太阳的传说或类似赫丘利斯的传说的演变过程。面对这一不确定性，他们恐怕会轻松地自我安慰，因为以后会出现比现在更加明白群氓心理的研究者，他们将明白历史无法永存，除了神话。

3. 群氓情感的夸张化与简单化

群氓的情感有好有坏，都表现出过于简单和过于夸张的双重特质。基于这点，正如在许多其他方面一样，群氓中的个体接近于原始状态。他们看不见细微的区别，只看得到事物的整体性并且不知道变通。在群氓中，情感的夸张会受到某一事实的强化，并因为暗示与传染而迅速传播。这一事实确定了即将成为客体的对象，大大增强了它的力量。

群氓情感的简单化与夸张化使群氓远离怀疑与不确定。就像女人一样，群氓会一下子走向极端。口头的猜疑立即转变为确凿的证据。独立的个体的反感或是反对都是无力的，而一旦成为群氓中的个体，这一情绪便会变成狂暴的力量。

群氓情感，尤其是在异质性的群氓中，会因为责任的消失而愈加狂暴。群氓确信自己不会受到惩罚，其在人数上的优势和因为人多势众而产生的短暂力量使得群氓获得了一些独立个体没有的情感和行为。在群氓中，愚笨的、无知的和心怀嫉妒的人将摆脱无知与无能的感觉，取而代之的是一股剧烈、短暂存在但却能产生巨大威力的力量。

不幸的是，群氓中的夸大情绪常常在一些负面的情感上起作用，是原始人返祖本能的残留。对处罚的担心约束了独立的个体，使他们不能肆意妄为。这也解释了群氓为何会轻易放任自我，做出最过分的事情。

巧妙的暗示使得群氓具有英雄气概与牺牲精神，甚至比独立的个体表现得更为明显。我们将在研究群氓的道德观时继续讨论这点。

群氓只能感受到极端的感情，演说家要想吸引群氓，就需要用一些激烈的言辞。夸张、赞同、重复，绝对不要试图用推理的方式证明论点，以上都是民众集会中演讲者惯用的论证手段。

群氓对英雄的感情也表达出了这一夸张性。英雄表现出的外在品质和外在品行被扩大。在剧院里，群氓要求剧中的英雄具备现实生活中的人并不具备的品行、勇气和美德。

我们理性地谈论了戏剧特殊的视觉效果。这或许是存在的，但是其标准常常与常识和逻辑毫无关联。与群氓对话的艺术属于艺术的末流，但要求一些特殊的才能。通过阅读剧本去解释一部戏的成功往往是行不通的。剧院经理在得到剧本的时候，并不知道它是否能成功。如果想做出判断，他们就必须把自己置身于群氓之中。① 如果我们将自己置身于发展的潮流中，就不难发现，种族有着举足轻重的影响。在某个国家激起群氓热情的戏剧在别国却并未

_____

① 我们因而可以理解为何一些被所有剧院经理拒绝的戏在被偶然搬上舞台后却大获成功。人们都知道尽管科佩本人很有名望，但他的剧本《为了荣誉》（Pour la couronne）在十年里一直遭到一流剧院的拒绝。《夏莱的姨妈》（La marraine de Charley）在遭到多次拒绝之后，由一位证券经纪人出资搬上舞台，在法国上演了两百场，在英国上演了一千余场。如果没有在上文中解释位高权重的剧院经理在心理上无法取代群氓，我们就无法理解为何这些内行的当事者会犯下如此严重的错误，这着实很反常。

获得成功，或者只受到了行家和特定人群的青睐，这是因为缺乏引起新公众注意的力量。

不需要再补充说明只有群氓的情感具有夸张性，而这一夸张性对智力没有丝毫影响。通过我已指出的事实，我们看到个体在加入群氓后，智力水平会大大下降。塔尔德先生在研究群氓犯罪时也注意到了这一点。因此，仅仅是在情感方面，群氓能够将个体的水平提升到一个极高的高度，或是相反，下降至一个极低的位置。

4. 群氓偏执、专横、保守

群氓仅会接收简单和极端的情感，通过暗示传递给他们的观念、思想和信仰会被全盘接受或者全盘拒绝，他们还会把这些思想看作绝对的真理或绝对的谬误。他们历来都是通过暗示而非理性的方法来确定信仰的。每个人都知道宗教是多么排斥异己，对灵魂的统治是多么独裁专制。

群氓对于认定的真理和谬误不存任何怀疑，同时他们又能清楚地认识到自己的力量。除了偏执以外，群氓还很专横。个体能够接受反驳和争论，群氓则永远不会接受。在民众集会中，演讲者稍做反驳就会立即招致怒吼与斥骂，若演讲者坚持如此，则会被立刻逐下台。如果缺乏权威人士的介入，反驳者甚至常常被私刑处死。

专横和偏执存在于所有类型的群氓中，但是呈现出差别很大的等级。这再次体现出种族这一根深蒂固的因素，它支配了人们的情感和思想。尤其在拉丁民族组成的群氓中，专横和偏执得以发展。专横和偏执已经足以达到破坏盎格鲁—撒克逊人所具有的强烈的个人独立情感的程度。拉丁民族组成的群氓仅能感知到其所属宗派的集体独立性，这一独立性的特征就是立即用其信仰暴力奴化所有的异端分子。在拉丁民族中，各个时期的雅各宾党人自宗教裁判时代以来从未提出关于自由的新概念。

专横和偏执是群氓十分明显的情感，对群氓来说，承担这些情感与将这些情感付诸实践同样容易。群氓吐刚茹柔，将仁慈看作一种软弱的形式。他们从不同情温厚的君主，而是偏爱对他们进行严厉统治的暴君。群氓总是为这些暴君竖起高耸的雕像。如果群氓随意践踏失利的君主，那是因为他失去了权力，成为被人们蔑视、不再被人们害怕的凡夫俗子。群氓喜爱的英雄永远是恺撒那样的。他的翎饰吸引着他们，他的权力压迫着他们，他的利剑令人生畏。

群氓随时反抗弱者，对强者则卑躬屈膝。如果强权间断出现，群氓则会屈从于他们极端的情感，反抗与屈从交替变化，即由反抗到屈从，再由屈从到反抗。

如果我们因而认为群氓的革命冲动占主导地位，那就错误地理解了群氓的心理。其暴力使我们产生了这一误解。群氓反叛和破坏行为的爆发只是昙花一现。群氓受到无意识因素的支配，并服从于长期存在的等级制度造成的影响，很难不呈现出极端保守的状态。如果对其听之任之，他们将很快对无秩序感到厌倦，进而本能地屈从。当波拿巴压制一切自由让人们领教了其铁腕后，最残暴、最执拗的雅各宾党人热情地欢迎了他。

如果不了解群氓根深蒂固的守旧本性，我们将无法理解民众的革命史。群氓迫切希望制度的更替，甚至不惜通过暴力革命获取这些改变；然而这些制度的本质仍旧体现着种族世代的需要，只有这样才能避免重蹈覆辙。其连续的多变性仅体现在表面。事实上，群氓具有一些顽固不化的保守本能，如同原始人一般，他们盲目崇拜传统，对可能改变现有生存状态的新事物有无意识的恐惧。如果民主人士在发明蒸汽机和铁路的手工器械时代拥有今日这般的力量，那些发明将不可能实现，或只有付出反复革命的代价才能实现。值得庆幸的是，在文明的进步中，群氓至高的地位总在重大的科学和工业发明完成之后才显露。

5. 群氓的道德观

如果我们将"道德"一词理解为持久地尊重一些社会习俗并长期抑制利己的冲动，那么很明显，群氓过于冲动多变，因而"道德"一词与他们无关。然而如果我们将一些短暂显露的品质，如克己、奉献、无私、自我牺牲、追求公正算入其中的话，那我们可以得出相反的结论，认为群氓具有高尚的道德。

少数研究群氓的心理学家只研究了群氓的犯罪行为；在看到这些行为经常发生后，他们得出了群氓已道德败坏的结论。

恐怕这些情况的确经常出现，但是其中的原因是什么呢？很简单，因为具有破坏性的残酷本性是始于原始时代并留存至今的糟粕，它蛰伏于我们每个人的内心深处。对于独立的个体来说，满足这一本性非常危险，但是当独立的个体融入群氓、免于承担责任、确信自己无须受到惩罚时，便会毫无顾忌地放任自流。因为我们常常不能将这一具有破坏性的本性施加在同类身上，便会发泄在动物身上。群氓对于捕猎和杀戮的热情便来源于此。群氓慢慢杀死一个毫无防备的受害者表现出的是一种非常懦弱的暴行；然而在哲学家看来，这种杀戮和十几个猎人聚在一起看着自己的猎犬撕咬着一头不幸的鹿而获得的快感是非常相近的。

如果群氓可以杀人、放火或实施一切犯罪行为，那么群氓也可以表现出比独立的个体更加高尚的牺牲行为和无私举动。当诉求涉及荣誉、尊严、宗教或党派时，群氓中的个体尤其容易受到影响。宗教战争与1793年志愿者这样的事例在历史中不胜枚举。只有集体能够表现出如此伟大的无私奉献。也只有群氓会英勇地为了他们几乎不了解的信仰而相互残杀！群氓会为了服从命令而非为了提高薪资进行游行。个体的利益很难成为群氓行为的强大动力，而对于独立的个体来说，这是唯一的动因。毫无疑问，这并不是引起诸多战争的原因，他们的智力水平往往理解不了这些战争。在这些战争中，他们任凭自己被残杀，如同被猎人铺在陷阱上的镜子吸引来的云雀。

即使是十恶不赦的无赖，他们一旦形成群氓，有时反而具有十分严格的道德准则。泰纳的研究引起了人们的注意。九月惨案中的罪犯将他们从受害者那里得到的钱包和首饰放在了议会的文案上，而这些东西他们本可以轻易地占为己有。在1848年革命期间攻占杜伊勒里宫的人，这些愤怒嘶吼、麇集杂沓、生活不幸的人并没有夺占任何一件炫目的物品，即使其中的任何一件都抵得上他们几日的口粮。

这种个体通过群氓而建立起的道德形式并非永恒的准则，但这一现象常常出现，甚至是在一些不如我刚才列举的现象那般严重的情况下出现。在剧院里，正如我们已经谈论过的那样，群氓要求剧中的主人公具有非凡的美德，或是在一次聚会上，参会者哪怕并不具备高尚的品质，表面上仍会表现得彬彬有礼。生活放荡之人、皮条客和满嘴胡话的痞子在一些危险的情形下或小规模的交谈中也会悄声低语，与平时判若两人。

因此，群氓虽然常常沉溺于某些本性的弱点，但也常常树立起一些品格高尚的行动楷模。如果说无私、顺从以及绝对奉献于空洞的幻想或现实的理想都是美德的话，那么我们就可以说群氓的道德常常达到连最圣贤的哲人都不曾达到的高度。群氓的这些行为恐怕是无意识的，但这又何妨。如果群氓的行为变得合乎理性并开始在乎眼前利益，恐怕我们这个星球不会诞生任何文明，人类也不会有历史可言。

/第三章 群氓的观念、推理能力与想象力/

1. 群氓的观念——基本观念和次要观念——相互矛盾
的观念为何可以同时存在——深奥的观念经过转化才能被
群氓接受——观念的社会作用与其是否包含真理无关

2. 群氓的推理能力——群氓不受推理的影响——群氓
的推理属于低劣的范畴——群氓因联想产生的观念之间只
有表面上的相似性或者延续性

3. 群氓的想象力——群氓丰富的想象力——群氓通过
形象思考，而这些形象之间没有任何关联——群氓尤其易
被事物惊人的一面所打动——奇特的事件和具有传奇色彩
的事件是文明的真正基底——群氓的想象力是政要权力的
基础——触发群氓想象力的事实该如何呈现

1. 群氓的观念

我在前一部作品中已经研究了观念对于民族演变的作用，我们已经证实每一种文明都是在一些基本观念的基础上产生的，这些基本观念很少更迭。我们也已经展示了这些观念如何扎根于群氓的灵魂，它们沁入其中的难度以及它们一旦沁入以后所具有的威力。我们还指出历史上的动荡常常源自这些基本观念的改变。

我们已经充分探讨了这一问题，在此我不想多加赘述，只想再稍用笔墨探讨一下群氓所接受的观念以及群氓在何种形式下产生了这些观念。

我们可以将这些观念分为两类。一类是我们在一些特定历史时期的影响下产生的偶然的、存在时间较为短暂的观念，如对某人或某类学说的迷恋。另一类是那些基本观念，它们因环境、遗传和舆论等因素而具有稳定性，如曾经的宗教观，或我们今日的民主观念和社会观念。

基本观念就像汇入平静的河面的涓涓细流。那些短暂的观念，就如同细小的浪花，一直处在变化之中。它们在河流的表面兴风作浪，尽管没有实际的作用，却比河流本身更为醒目。

时至今日，我们父辈赖以生存的那些伟大的基本观念已摇摇欲坠，与此同时，建立在此基础上的制度也受到极大的动摇。我谈论的这种短暂且微不足道的观念如今正在大量形成，然而其中拥有举足轻重的影响力的观念却为数不多。

无论向群氓提出怎样的观点，这些观点只有以简单的表象呈现并且披上形象化的外衣才会起到决定作用。这些形象化的表象之间没有任何逻辑上的相似与延续；它们可以相互替换，就如同操作者取出幻灯机中一摞相互重叠的幻灯片。因而我们看到群氓中会相继出现相悖的观点。在一些偶然的情况下，群氓会受到自己认知范围内不同观念的影响，并且会产生完全不同的行为。我们缺乏批评意识，因而无法察觉其中的矛盾之处。

这种特殊的现象不仅仅存在于群氓中。我们在很多独立的个体身上也能看到这一现象，并不仅仅是原始人，还有所有在某一精神层面接近原始人的人，如狂热的宗教信徒。我留意到这样一个例子。一些印度人在欧洲接受了教育并取得了相应的文凭，但他们的内心深处仍是一成不变的宗教观念和具有时代遗传性的社会观念，在不改变这些观念的情况下，与前者毫无关联的西方思想观念会与之重叠。在一些偶然的情况下，其中一方的观念会伴随着特殊的言行显现，甚至在同一个人身上表现出明显的矛盾。与其说这些矛盾是实际存在的，不如说它们只是一种表象，因为只有世代相传的观念才会对独立的个体产生足够的影响，从而演变为诸多动因。在通婚的情况下，人受到不同遗传因素的刺激，行为随即也会变得十分矛盾。尽管这些现象在心理学上很重要，但我们不需要过分强调这些现象。我认为我们至少需要十年的时间去各地研究观察，这样才能真正地理解这些现象。

观念以简单的形式呈现并被群氓所接受，这些观念如要变得通俗易懂，则需要进行彻底的改变。当涉及一些比较高深的哲学或科学观念的时候，我们会看到这些观念要进行多么深刻的改变，它们一步步降低自身的层次来迎合群氓。这些改变取决于群氓所属的种族；通常都是将它们削弱简化。事实上，从社会的角度来看，观念已经不存在等级的差别。也就是说，观念不存在高低之分。唯一的事实是，某一观点一旦接触到群氓并被群氓关注，那它就不再崇高伟大。

观念所属的等级的价值并不重要，重要的是这一观念产生的作用。中世纪的基督教观念、上世纪的民主观念、今天的社会观念，都并非高高在上。从哲学层面看，我们认为这些观念都是一些拙劣的错误。然而它们扮演着重要的角色，并在长时间内都是影响国家发展的最主要因素之一。

观念在被群氓接受时已发生了变化，并且仅在侵入无意识并形成情感时起作用，这一点我们将在别处继续探讨。这一转变通常耗时很久。

尽管如此，我们不能因为一个观点是正确的，便认为它能产生影响。哪怕是在受过良好教育的人中，它也未必会产生影响。只要看看那些最确凿的事实对于大多数人都毫无影响的事实，我们就能明白这一道理。显著的事实可能会被明理人接受，但是他很快就会因为自己的无意识而回到最初的想法。几天后重新审视，他会再次提出与他曾经的论点完全一致的看法。事实上，先前的观念已经成为一种情感，他受到了这一先前观念的影响。或者说，先前的观念作用于我们言行深处的动机。

这时，通过各种方法，观念已经深深扎根于群氓的灵魂之中，因而具有无法动摇的力量，并产生了一系列后果。引导法国大革命的那些哲学观念历时很久才植入民众的灵魂。一旦根深蒂固，它将不可动摇。整个民族为了实现社会地位的平等、获得抽象化的权利和理想化的自由而产生的冲击力动摇了所有的王权，使得西方社会动荡不安。在二十年里，各国之间战事不断，欧洲出现了一些类似于成吉思汗和帖木儿时代的大量伤亡。观点对情感方向的改变作用也从未爆发得如此明显。

如果说让观念扎根于群氓的灵魂需要耗费很长时间，那么若要移除它，也需要耗费很长时间。就观念而言，群氓的观念总是落后于智者和哲学家几代人。所有的政客如今都明白，上文所提及的那些观念均有不足之处，但它们的影响力依旧很大，他们的统治借助的是他们自己早就不再相信的真理原则。

2. 群氓的推理能力

我们可以断言群氓并不受推理的影响。他们所利用的论据以及对他们产生影响的论据，从逻辑上看属于低劣的范畴，我们只是将其比作推理。

群氓低劣的推理能力和高级的推理能力一样，都是基于联想，然而群氓通过联想而产生的观念之间只有表面上的相似性或者延续性。这些推理方式如同爱斯基摩人通过经验得知冰块含在嘴里的时候会融化，因而联想到与冰外观相近的玻璃在口中应该也会融化；又如有些野蛮人认为吞下敌人的心脏就可以获得他的勇气；或如一些被雇主剥削的工人会产生所有雇主都是剥削者的想法。

群氓的逻辑有两个特征：一是将只有表面关联的不同事物联系起来，二是迅速概括归纳特殊情况。深谙其道的演说家在面对群氓的演说中常常利用这些特征。只有这些特征能够影响群氓。群氓完全没有精确推理的能力，这也是为何我们说群氓无法推理或无法正确推理，并且不受推理的影响。我们在阅读一些演讲稿时会惊讶于其中的不足，而这些演讲对其听众的影响却非比寻常；我们忘记了这些演讲是为了吸引群氓而不是供哲学家阅读。与群氓深入接触的演说家懂得制造出吸引群氓的幻象。一旦他们被成功吸引，演说家的目的就达到了；长篇大论的演讲的价值比不上几句令目标群体信服的话。

我们无须再补充说明：群氓无法正确推理，因此群氓不具备一丝批评精神，即辨别是非的能力和正确评判的能力。群氓所接受的评价只是一些强加于他们的从未经过商讨的评价。在这点上，个体未必强于群氓。一些观念之所以会被普遍接受，是因为大部分人不会根据自己的推理形成个人观念。

3. 群氓的想象力

如所有缺乏推理能力的人一样，群氓表现出的想象力令人印象深刻。一个人、一件事、一个偶然事件在他们脑中产生的想象的真实性堪比现实。群氓仿佛处于睡眠状态，理性暂时被搁置一边，任由脑中产生强烈的形象。然而稍加思考，这些形象就会迅速烟消云散。群氓既不会思考也不会推理，分辨不出真伪；而不真实的事情往往是最能打动人的。

这也是为什么在一件事中总是奇特的部分和具有传奇色彩的部分最能打动群氓。事实上，这些正是文明的基底。在历史上，表象的地位远高于现实，虚假比真实更占优势。

群氓只会通过想象去思考，也只会被想象出的形象所打动。只有这些形象能使得群氓害怕或着迷，并且对群氓的行为起到促进作用。

这也是为何最能清晰表达形象的戏剧这一表现形式对群氓的影响最大。从前，对于普通的罗马人来说，面包和壮美的景象就是他们所理解的理想状态中的幸福。随着时间的推移，他们的这一理想依然甚少改变。其他的形式都不如戏剧这一形式更易触发群氓的想象。所有的观众在同一时刻体会着相同的情感，如果这一情感没有立即转化为行动，大概是因为哪怕最无意识的观众也会意识到自己是幻象的受害者，他们的欢笑与泪水都献给了想象中的故事。然而在有些时刻，因为想象而产生的情感异常强烈，像习惯性的暗示那样，它会转变成行动。我们经常听说一些有名的剧院会对饰演反派角色的演员的出口通道施加保护，以免观众因为虚构故事中反派角色的种种罪行而伤害演员。在我看来，这便是群氓的心理状态最显著的特点之一，尤其是我们轻易就能施加暗示的那些心理状态。在群氓眼中，虚假同真实一样重要。他们混淆两者的倾向非常明显。

征服者的力量和国家政权的威力正是建立在民众的想象力之上的。我们也正是通过这一点实现了对群氓的控制。所有重大的历史事件都是触发群氓的想象力后产生的直接结果或间接结果：佛教、基督教、伊斯兰教的创建，宗教改革，法国资产阶级大革命或者今天社会主义令人生畏的蔓延。

此外，不同时期不同国家的政要，包括最专制的君主，都将群氓的想象力看作其统治力量的支撑。他们从不试图与其对抗。拿破仑在国会上说："我通过天主教平息了旺代的战事；我通过伊斯兰教在埃及立足；我通过承认教皇的绝对权力而赢得了意大利的神甫。如果有一天我统治了一支犹太民族，我就会去修复所罗门的圣殿。"恐怕在亚历山大和恺撒之后，没有一个政治家比他更懂得如何去迷惑群氓的想象力。他一直专心致力于此。在胜利中，在致辞中，在演讲中，在他的一切行为中，他都铭记这一点。甚至临死前，他都还在忖量。

到底该如何影响群氓的想象力呢？我们马上就会得到答案。旨在影响智力和理性的做法是无法达到这一目的的。安东尼并没有用华丽的辞藻去煽动人们对抗杀死恺撒的人。他只是向人们宣读了恺撒的遗嘱，并将其尸体示人。

任何触发群氓想象力的因素都是以强烈清晰的形象出现的，没有附加的说明，也没有其他的附属品，有的只是一些令人惊叹的事实：一场伟大的胜利，一个惊人的奇迹，一桩严重的罪行，一个宏大的希望。将以上这些事实整体呈现出来，但永远不要泄露它们的来源。一百桩微不足道的罪行或一百场微不足道的事故完全无法影响群氓的想象；然而一桩引人注目的罪行或一场灾难足以深深触动他们，哪怕造成的伤害比那一百场事故加在一起造成的伤害要少得多。在巴黎，曾经有一场严重的流行病在数周之内夺去了五千人的生命，这一事件并没有触发群氓的想象力。实际上，这场疫情没有通过形象的画面表现出来，而是呈现在每周公布的统计数据中。如果换一个事件，它并没有造成五千人的死亡，而是在一天之内造成五百人死亡，其发生地为公共场所，并且以有形可见的方式呈现，比如说埃菲尔铁塔的坍塌，那它就会对群氓的想象力产生巨大的影响。一艘穿越大西洋的船音信全无，可能已经失事，群氓的想象力在八天之内因为此事受到巨大的触动。然而官方的统计数据显示，在同一年里失事的船只数量达一千艘。在这些接连发生的事故中，有些事故造成的人员伤亡和财产损失更为严重，但群氓一刻都不曾关心过它们。

因此，影响群氓想象力的并非事件本身，而是事件呈现的方式。事件应该加以提练——如果我可以这么表达的话，从而制造出激动人心的场面，使人久久不能忘怀。掌握了触发群氓想象力的能力就是掌握了统治群氓的艺术。

/ 第四章　群氓信仰的宗教外衣/

宗教情感的构成——不依赖于对神的崇拜——特征——披上宗教外衣的信仰的力量——诸多实例——民众的神灵从未消失——重生的新方式——无神论的宗教形式——从历史的角度审视这些概念的重要性——宗教改革、圣巴托罗缪惨案、恐怖时代以及所有类似的事件，都是群氓宗教情感的产物，而非独立个体意志的产物我们已经了解到，群氓没有推理能力，在处理观念时只会整体接受或全盘否定。群氓既无法容忍协商讨论也无法容忍反对意见，只接受会对其理解力产生作用的暗示，并立即将其转化成行动。我们已经证实，只要合乎时宜地稍加暗示，群氓就会献身于此。我们还了解到，群氓只会产生暴力或极端的情感。群氓的同情心会在转瞬间变成崇拜，刚刚产生的反感会转变为仇恨。我们通过这些普遍迹象，已经能推测出群氓信仰的本质了。

在仔细研究群氓的信仰时，我们发现，无论在充斥着信仰的年代，还是在政治动荡的时代，正如上个世纪，群氓的信仰总是以一种独特的方式呈现。除了用"宗教情感"一词去定义以外，我找不到更好的词了。

这一情感具有一些简单的特点：崇拜那些不存在的神灵，害怕被授予的权力，盲目服从命令，无法探讨教义，渴望散布教义，倾向于站在所有不承认该教义的人的对立面。无论这一情感的对象是谁——看不见的上帝、偶像的石头雕像、英雄人物或一个政治观念，它总是留有宗教本质的印记，其中也体现出超自然和神奇的一面。群氓将这一神秘的力量归于使他们为之狂热的某一政治格言或杰出的领袖。

当我们只是崇拜某位神灵的时候，这并不能称作虔诚，但是当我们从他那里汲取所有的精神力量，服从于他的一切意愿，将所有的热情奉献给某个事业或某个人，并将其当作情感和行动的目标与指引的时候，便算得上虔诚了。

容忍和盲信总是伴随着宗教情感出现。凡是自认为掌握了今生或来世幸福秘诀的人，都必然具备以上两点。当一群人被任何一种信仰激励时，也都会表现出这两点。恐怖时代里的雅各宾党人在本质上与宗教裁判所里的天主教徒一样虔诚，他们残暴的激情与他们的虔诚源于同一处。

群氓的信仰具有以下特点：盲目的服从，粗野的偏执，对宗教进行狂热传播的需要。因此，我们可以说他们的信仰是以宗教的形式呈现的。群氓拥戴的英雄，对群氓来说就是真正的神。拿破仑在十五年里一直扮演着这样的角色。与其他神灵相比，拿破仑的崇拜者的数量史无前例。其他神灵也从未能如此轻易地置人于死地。异教徒或基督徒的神灵都不曾对人们的灵魂实施过如此绝对的统治。

宗教信仰或政治信仰的创立者在建立这些信仰的时候

就明白该如何激起群氓的狂热情感，使群氓在崇拜中找到幸福，并使他们为了偶像甘愿奉献自己的生命。在所有时代都是如此。库朗热在其关于罗马高卢人的大作中恰当地指出罗马帝国并非靠武力才得以维持，而是通过激发人们对宗教的热爱。他振振有词地写道："历史中没有这样的先例，一个被民众憎恨的政权竟然存在了五个世纪之久……我们无法理解为何帝国的三十个军团能使得一亿人臣服。"他们之所以臣服，是因为罗马皇帝象征着罗马的强大，像神一般受到人们的一致拥戴。在帝国最小的镇子里都有皇帝的祭台。"当时，从帝国的一端到另一端，出现了一种新教，该教的神就是皇帝本人。在基督教盛行之前，多年间，组成整个高卢地区的六十个城邦都在里昂城旁建起了纪念奥古斯都的庙宇……祭司由高卢城邦的会议选出，都是各地的名流……我们不能把这一切都归结于畏惧和奴性。整个民族不可能都卑躬屈膝，更何况是在长达三个世纪的时间里。崇拜君王的人并非朝臣，而是整个罗马。而且不仅仅是罗马，在高卢、西班牙、希腊和亚洲亦是如此。"

　　如今征服者们已经不再使用祭台，但是他们会使用雕塑或画像。实际上，他们的祭拜方式和从前并没有本质区别。通过了解群氓心理中的这一基本问题，我们便可以了解这一历史哲理：要么成为群氓的神，要么什么都不是。

这并非过时的迷信，它们最终也不会被理性驱赶。在与理性的永久斗争中，情感从未获胜。群氓也不愿服从于神或宗教的旨意，尽管它们长时间统治着人们；但是过去的一百年出现了如此多的雕塑和祭台，从未有一个时代能与之相比。布朗热事件众所周知，群氓的宗教本能在布朗热主义的旗号下轻而易举地就被唤起。哪怕小村庄的客栈里都有他的画像。他们赋予了他纠正一切不公平、一切错误的能力，数以千计的人为他奉献了生命。如果他的品质与他的传奇相称的话，他在历史中会占据更加重要的地位！

　　重复强调群氓需要宗教着实是无用的。政治信仰、宗教信仰和社会信仰在群氓中的建立总是借助于宗教形式。这种形式避免了论争。如果无神论被群氓所接受，它还是会表现出令人难以忍受的宗教性的狂热，这一外露的表现形式很快会变成一种宗教形式。实证主义学派这一小宗派的发展为我们提供了一个值得注意的证据。实证主义类似于虚无主义，深邃的思想家陀思妥耶夫斯基在谈论历史时探讨过虚无主义的问题。某一天突然受到理性的启发，他扯下了教堂圣坛上神灵和圣人的画像，熄灭了蜡烛。他一刻不愿耽搁，立即换上了笃信无神论的哲学家的作品，然后虔诚地点亮了蜡烛。他改变了宗教信仰的对象，然而我们真的能说他也改变了宗教情感吗？

我再次强调，若想理解历史事件——更确切地说，是那些重大的历史事件，就必须先了解群氓信仰所表现出的宗教形式。对社会现象的研究需要从心理学角度而不是从自然主义角度入手。我们伟大的历史学家泰纳只从自然主义的角度看待历史问题，因此常常忽略了事件的真正根源。他可以洞察表象，却忽视了对群氓心理的深入研究，因此他常常不懂得追本溯源。事实通常会因为其血腥、混乱、残酷的一面而使他害怕，他并没有看到功勋卓著的英雄身上野蛮狂暴的一面，他们对自己的本性不加束缚，任其发展。只有当我们认清大革命是在群氓中建立的一种新的宗教信仰时，我们才能解释其中种种暴力、屠杀、宣传的需要以及为何要向所有君主宣战。宗教改革运动、圣巴托罗缪惨案、宗教战争、宗教裁判所时代、恐怖时代都是相似的现象，一切阻碍新信仰建立的行为在宗教情感的暗示下都势必遭到强硬的清除。宗教裁判所和恐怖统治时代所采用的方法是真正令人信服的方法。如果使用了其他方法，那就不存在令人信服这一说了。

　　我刚才列举的这些相似的动荡只有在群氓作用于它们的时候才会发生。最独裁的暴君对此也无计可施。当历史学家指出圣巴托罗缪惨案是君王一手造成的时候，他们和君王一样，对群氓心理一无所知。只有群氓的灵魂会产生相似的表现。拥有最专制的权力的最独裁的君主只能影响其产生的时间，使之稍有提前或稍有延迟。圣巴托罗缪惨案和宗教战争并非君王所为，恐怖时代也不能归咎于罗伯斯庇尔、丹东和圣鞠斯特。在这些相似事件的背后，我们总能看见群氓的灵魂。

第 二 卷

群氓的观念与信仰

/ 第五章　产生群氓观念与信仰的间接因素 /

群氓信仰的先在因素——群氓信仰的诞生并非一蹴而就——对影响群氓信仰的不同因素的研究

1. 种族——种族的决定性影响——种族体现了祖先的暗示

2. 传统——传统是种族灵魂的综合凝结——传统具有巨大的社会影响力——丧失其必要性后，传统将变得有害——群氓是传统观念最顽强的捍卫者

3. 时间——时间建立信仰并随即将其摧毁——秩序从无序到有序得益于时间

4. 政治制度和社会制度——错误的认识观点——极其微弱的影响——制度是结果，并非原因——各民族选择的制度都不是最合适的——相同的制度标签下掩盖着完全不同的内容——制度的产生——中央集权这类在理论上有所欠缺的制度对一些民族来说确有必要

5. 教和育——教育影响群氓的错误观点——统计证明——拉丁民族的教育令人沮丧——教育的影响——几个民族的几桩案例

我们已经研究了群氓的精神构成，也已经了解了群氓是如何感知、如何思考、如何推理的。现在，我们将着手研究群氓的观念与信仰是如何产生并确立的。

有两类因素对这些观念和信仰起到决定性作用：间接因素和直接因素。

间接因素促使群氓接受一些信念并不再接受其他信念。它们为突然萌发的新观念提供了土壤，通常这些新观念的威力和结果都是惊人的，但其自发性仅仅限于表面。群氓中某些观念的爆发和运用有时如闪电般突然。这仅仅是一个表面现象，在现象的背后，我们应该追溯先前长时间的经营过程。

直接因素是那些能使群氓信服的因素。直接因素伴随先前长期的经营，无法独立存在，它们决定观念形成的形式并产生一定的结果。在这些直接因素的推动下，集体会突然产生暴乱；某些人发动暴乱或开展罢工；他们中的大多数人会推举一个掌权者或颠覆一届政府。

在所有重大历史事件中，我们都会发现这两种因素在连续产生作用。仅举诸多明显事例中的一例：作家的批评文章和旧政权对职权的滥用都是导致法国大革命的间接因素。在这种情况下，群氓的灵魂很容易就会被直接因素影响，如演讲者的演说或当局对微不足道的改良的抵抗。

在间接因素中，我们发现了群氓观念和信仰中的普遍要素：种族、传统、时间、制度和教育。下面，我们将进一步研究其各自的特征。

1. 种　族

种族这一因素远比其他因素重要，因此应该被列在第一位。我在上一册书中已经对此展开了足够多的讨论，这里不再继续讨论。我们已经解释了什么是历史性的民族及其特点是如何形成的，这一民族的信仰、制度、艺术，概括说来就是所有构成文明的要素都是其灵魂的外在表现。没有一个因素像种族的力量这样，从一个民族转移到另一个民族的时候需要经历深入的转变。①

---

① 这一陈述颇具新意，如果没有这一点，历史无疑难以被理解。我在我的另一部作品《民族进化的心理定律》(Les lois psychologiques de l'évolution des peuples)中，花费数章就这一问题展开论证。读者在此书中可以看到，尽管无论是语言、宗教还是艺术，它们都存在具有迷惑性的表象，但是，总而言之，文明中的任何要素都无法在民族间完整转移。

地点、环境、事件都是构成当时社会暗示的因素。它们会掀起轩然大波。但如果这种暗示对立于群氓的暗示，即对立于代代相传的暗示，那么其存在的时间将会很短暂。

在本书接下来的章节中，我们将继续讨论种族的影响，并阐述这一影响有多么深远。这一影响具有足以主宰群氓灵魂的特质。这也是为何很多不同国家的群氓在其信仰和行为中表现出一些突出的差异，并且受影响的方式也不尽相同。

2. 传　统

传统代表着曾经的观念、需求和情感。传统是种族的综合凝结，并将其重量全部压在我们身上。

从胚胎学证明了物种的进化深受过去的影响起，生物科学就发生了改变。如果对这一概念加以广泛应用，历史科学也将发生类似的改变。但这远远不够，很多政治家的思想仍停留在18世纪的理论家提出的理论上，他们仍认为社会将与过去决裂，将在理性光辉的引领下形成崭新的局面。

民族是由过去制造出的机体，和其他机体一样，只有经历了缓慢的遗传累积才会发生改变。

在民族中起到真正的领导作用的是该民族的传统。正如我多次重复的那样，传统除了表面形式外，其余部分很难被改变。任何文明都无法脱离传统（即民族灵魂）而独立存在。

自诞生以来，人类做了两件大事：一是形成了错综复杂的传统，二是当这些传统毫无利用价值时便将其摧毁。没有稳定的传统就没有文明的产生，也只有慢慢淘汰这些传统，人类才能取得进步。稳定和变化之间的平衡很难把握。这是一项巨大的挑战。如果一个民族的习俗在几代人中都固定不变，那么这一民族就无法得到发展，也无法得到完善，曾经的中国就是最好的例子。暴力革命本身不起任何作用，因为断裂的链条会被重新焊接在一起，过去的势力会不加改变地重拾威望，分散的残余势力会导致无政府状态然后走向衰败。

所以，一个民族的根本任务是在保持旧制度的同时逐渐对其进行改进。这并非易事。只有古罗马人和近代英国人做到了这一点。

传统观念最顽强的维护者，对改变展开最猛烈抵抗的，正是群氓，尤其是那些处在较高社会等级中的群氓。我已经强调了这一保守性精神，并且指出很多起义只会引发文字游戏。18世纪末，教堂被毁坏，教士要么被驱逐要么被送上断头台，天主教在世界范围内受到迫害。我们可以认为，旧时的宗教观念已经丧失了全部力量；但是几年以后，被废除了的宗教又因群氓的广泛诉求重新建立起来。[1]

没有其他例子可以更好地反映出传统对于群氓灵魂的作用。最令人生畏的偶像不在教堂里，最专制的暴君也不在宫殿中。我们轻易就能将他们摧毁。主宰我们灵魂的主人是不可见的，它们可以避开任何阻力，却只能听任自己在历史长河中被慢慢消耗。

3. 时　间

处理社会问题与处理生物问题一样，时间是最有效的因素之一。时间既是真正的创造者，也是伟大的毁灭者。积土成山依靠的正是时间，从地质时期的小细胞进化成有尊严的人类，靠的也是时间。要想改变任何一种想象，只

---

[1]　泰纳引用了前国民公会议员富克鲁瓦关于这一观念的报告，清楚地说明了该问题："做礼拜和经常去教堂的现象随处可见，这些现象说明法国民众希望重拾旧风俗，抵抗这一全国性的倾向则不合时宜……大部分人都需要宗教，需要宗教活动，需要教士。一些现代哲学家犯过一个错误，包括我自己在内，即认为只要教育普及的范围足够广，就可以消除宗教偏见；对于大多数不幸的人来说，宗教是其慰藉的来源……因此，应该让民众有他们自己的教士、祭台和宗教活动。"

需将其放入时间长河之中。我们可以理直气壮地说，一只蚂蚁如果有足够的时间，可以将勃朗峰夷为平地。如果一个人具有任意改变时间的神奇能力，这一能力将是教徒赋予其主的能力。

然而我们在此探讨的问题是时间给群氓观念的产生带来了怎样的影响。时间在这一方面造成的影响仍是巨大的。很多重要的力量受到时间的支配，如种族的形成离不开时间。一切信仰的发展和灭亡都依赖于时间。时间给这些信仰带来了力量，同样地，时间也使它们失去了这些力量。

时间为群氓观念和群氓信仰的形成创造了条件，也就是说，为它们的萌芽提供了土壤。由此，我们可以得出这样的结论：一些观念只能产生在特定的年代里，在其他年代里则无法产生。时间积聚了信仰和思想的诸多残留，新时代的观念正是在此基础上产生的。新时代观念的产生并非偶然，也绝非盲目。这些观念的产生扎根于漫长的过去。当它们绽放时，时间早已为此做好了准备。如果想知道起源，就必须回顾过去。这些观念和信仰是过去的衍生物、未来的源泉，但它们永远都是时间的奴隶。

因此，时间是我们真正的主人，任其发展才能看清一切事物的变化。今天，群氓那些具有威胁性的愿望以及他们造成的破坏和动荡使我们忧心忡忡。我们只需要通过时间恢复平衡。拉维斯所言甚是："任何一种社会制度都不是在一天之内建立起来的。政治和社会方面的筹备工作需要花费数百年；在封建制度占据统治地位的前几百年里，这一制度是混乱无形的；君主专制也是经历了数百年才找到现有的统治手段，而这数百年间发生了诸多动乱。"

4. 政治制度和社会制度

制度可以弥补社会中的不足，民族的进步得益于制度和政体的完善；社会要想实现变革，就需要借助于政令，以上观点在我看来至今仍受到广泛认同。这些观念正是法国大革命的出发点，当今的社会理论也将其作为自己的支撑。

接连不断的经验事实都没有改变这一荒谬的幻想。哲学家和历史学家试图证明其荒谬性，但均是徒劳。不过对于他们来说，证明制度源于观念、情感和风俗却并非难事；然而我们无法通过改变法规来改变观念、情感和风俗。一个民族无法随心所欲地选择自己的制度，正如人们无法选择自己眼睛和头发的颜色。制度和政体都是种族的产物。它们没有创造时代，而是被这个时代所创造。对民众的统治并不是因为一时兴起，而是它们的特质使然。形成一种政体常常需要数百年，改变这一政体也需要数百年。制度没有先在优点，制度本身也没有好坏之分。在某个时段，对特定的人来说，某种制度或许是好的，但是对其他人来说，这一制度是负面的。

因此，一个民族其实丝毫不具备改变制度的能力。它只能以暴力革命为代价换取名称上的改变，但却无法改变其本质。名称只是无用的标签，而对于关注事物真实价值的历史学家来说，标签不值一提。正因如此，以英国为例，作为世界上最民主的国家①，它仍沿用君主制度，而那些原来受西班牙统治的美洲共和国虽然是共和政体，却十分专制。民族的特质而非政府的特质决定了它们的命运。我在上一本书中也已经通过明确的例证说明了这一道理。

将时间用在制定宪法上是一项无谓的工作，亦是措辞上的无用实践。在没有人为干预的情况下，宪法的制度有赖于必要性与时间这两个因素。伟大的历史学家麦考利提出的以下观念应该被所有拉丁国家的政客所牢记，盎格

①　甚至是美国最激进的共和主义者都承认英国是世界上最民主的国家。美国杂志《论坛》(*Forum*)清晰地表达了这一观点，我在此摘录的是1894 年 12 月《评论的评论》(*Review of reviews*)所援引的内容："我们不能忘记，即使是贵族阶级的死敌，英国至今仍是世界上最民主的国家。在英国，个体的权利受到最大限度的尊重，个体享有最大限度的自由。"

鲁一撒克逊人采用的正是这一方法。他首先揭示了法律的种种益处，尽管从纯粹理论的角度看是混乱的荒谬和矛盾。他又对发生在欧洲和美洲的拉丁人动乱以及发生在英国的拉丁人动乱中被废除的十几部宪法进行了比较，发现后者变化的速度缓慢，而且变化只发生在局部。这一变化直接受到必要性的影响，并非思辨的理性：

> 根本不关注其对称性，关注的仅是其实用性；绝不仅仅因为反常而消除反常；绝不改革，除非感到不满，改革只是为了摆脱不满；绝不提出范围过大的主张，除非为了纠正特殊的情况，以上原则，从约翰国王的时代到维多利亚女王的时代，一直指引着250届议会的决议。

我们只需要研究每个民族的一条条法律、一项项制度，从而揭示它们在哪一方面适应了种族的需要，并不需要对它们进行剧烈的变革。例如，我们可以就中央集权的利弊问题从哲学层面展开论述，但是当我们看到一个由不同种族构成的民族花费上千年的努力才能慢慢实现中央集权，当我们看到一场旨在颠覆旧制度的大革命不仅尊重这一中央集权制度还将其继续发展时候，我们可以得出以下结论：

中央集权是专制的必然产物，是一种存在方式。我们还应该同情那些声称要将其摧毁的政客内心的软弱。如果他们的观点凑巧取得了胜利，这场胜利便意味着更严重的混乱①，将带来比原来更沉重的中央集权。

总结以上内容，我们可以得出这样的结论：我们不能在制度中寻找深刻影响群氓的灵魂的方式。在一些国家，如美国，它们通过民主制度取得完美的成功；在其他一些国家，如那些原来受西班牙统治的美洲共和国，尽管制度相似，它们却苟活在最悲惨的混乱中。一些国家的兴盛和另一些国家的衰败实际上与这些制度无关。统治各民族的是其自身的特质，凡是不贴合这种特质的制度都只不过是一件借来的外衣，一场短暂的伪装。当然，血腥的战争和暴力的革命曾经存在，并将继续存在下去，其目的就是强制性地规定某些制度，并赋予这些制度创造幸福的超能力。因此，我们可以从某种意义上说，制度的确作用于群氓的灵魂，毕竟它孕育了

---

① 如果我们聚焦那些将法国分割成不同部分的重大宗教和政治冲突，它们的关键问题仍是种族问题。通过在大革命时期和法德战争尾声时显露出的分裂倾向，我们会看到同一片土地上不同种族距离相互融合还有很长的距离。大革命时期大力实施的中央集权和那些刻意创建的部门旨在凝聚曾经分崩离析的省份，这无疑是其最有意义的作为。如果缺乏远见的人所倡导的地方分权最终实现的话，便会迅速导致血腥的混乱。若拒绝承认这一点，就是对我们全部历史的遗忘。

这些起义。但是，事实上，我们知道无论胜利还是失败，它们本身并不拥有任何功效。在继续追寻其征服之物时，我们追寻的只是一些幻象。

5. 教和育

在我们这个时代，以下思想仍占据统治地位：教育使人完善，甚至使人平等。这一观点被不断重复，而仅凭不断的重复，这一观点最终成为最坚不可摧的民主信条之一。如今要想动摇这一观念，就像当年动摇教会观念一样困难。

然而在这个问题上，正如在其他问题上一样，民主政治的观念与心理学和经验所提供的数据存在巨大的差异。一些杰出的哲学家，尤其是赫伯特·斯宾塞，已经毫不费力地证明了教育既不能使人变得更负道德感，也不能使人变得更幸福，教育无法改变人的本性，也无法改变人们世代相传的激情，处理不妥时还会带来过多的负面影响。统计学家证明了这一观点，他们证实犯罪率随着教育的普及，至少是某一类教育的普及而上升。社会最大的敌人——那些无政府主义者，常常就是学校里的优等生。杰出的法官阿道夫·吉约指出，目前每4000起犯罪案件中有3000起是受过教育的人所为，剩下的1000起是文盲所为，并且在过去的 50 年里，每 100 万人中犯罪行为的数量由 227 起增加到 552 起，增幅为 133%。他与他的同事都注意到，犯罪率大大增长，尤其是在享受到代替交费制教育的义务教育的年轻人中。

当然，我们不能说被正确引导的教育无法带来十分有益的实际结果。哪怕无法提高道德水平，教育至少也可以提高人们的专业素养。不幸的是，拉丁民族，尤其是在过去的三十余年里，将其教育体系建立在不完善的原则上。尽管一些精英已经指出了这一不足，但他们仍一意孤行。我自己在其他著作①中已经指出我们当下的教育将很多受过教育的人变成了社会的敌人，并替社会主义形式招募了大量门徒。

这一教育制度首要的弊端——在拉丁民族的教育中尤为典型——是存在心理学认识上的根本错误：认为熟读课本可以提高学生的智力水平。从此，我们便尽可能地多学。从教育初始阶段一直到研究阶段，甚至在教师会考中，年轻人都只是一味生吞活剥地学习课本知识，从不锻炼自己的判断力和创造力。教育对他们来说只是意味着记忆和服从。法国公

---

① 参见《社会主义心理学》第七版和《教育心理学》（Psychologie de l'éducation）第十四版。

共教育前部长朱勒·西蒙先生曾这样写道："习得的那些课程，就是牢记一条语法或牢记一段概要，重复记忆，亦步亦趋。这着实是一种可笑的教育方式，一切行为都以老师不会犯错为前提，从而贬低自我，削弱自我。"

如果这种教育方式仅是劳而无功，我们便只需同情孩子们是多么不幸，我们教给他们克洛泰尔后裔的族谱、纽斯特里亚和奥斯特拉西亚之间如何对抗或动物学的分类法，而不是那些更必要的知识。但是，这一教育方式带来的危害远不止这些。它使人们对自己的生存状态极度不满，逃离这种状态的愿望异常强烈。工人不想再当工人，农民不想再当农民，中下层的资产阶级只想让其后代当吃皇粮的国家公务员。学校培养并没有使人们为生活做好准备，而是使他们为国家公务员这一职业做好了准备，这一行当不需要一丝创造精神。在底层社会，这种教育方式创造了无产阶级的队伍。他们对命运不满，随时准备革命。在上层社会，那些浅薄的资产阶级既多疑又幼稚。他们沉浸于对国家迷信般的信任，将其视为天命，同时又不停地提出反对意见，将自身的错误归咎于政府，而一旦离开了当局的介入，他们又将碌碌无为。

国家通过课本培养出这些手持文凭的人，但只用到其中的一小部分人，剩余的那些必然处于失业状态。因此，这使得前者有养家糊口的差事，而后者与国家站在了对立面。在社会金字塔中，从上到下的各类职业都被数量庞大的受过教育的人包围着。商人很难找到愿意去殖民地工作的代理人，而数千人却在申请最不起眼的公务员职位。统计显示，单塞纳省就有两万名失业教师。他们不屑在田地或作坊工作，只想通过为国家工作而营生。当选者的数量是有限的，不满的声音越来越多。这些人随时准备参加革命，不论革命的领导者是谁，也不论革命的目的是什么。学到的知识派不上用场，这无疑会使普通人变成革命者。①

现在意识到这一事实显然为时已晚。只有经验能指出我们的错误，它是民众最好的导师，只有它能揭示用专业性的教育替换那些可憎的教科书和毫无意义的考试的必要性。专业性的教育能引领年轻的一代走向如今被抛弃的农

---

① 这一现象并不是拉丁民族所特有的，我们在中国也看到了这一现象。中国的社会等级森严，通过科举考试选拔人才，该考试唯一的考察内容就是让考生沉着冷静地诵写大量典籍。在今天的中国，这些无业文人被视为国家的灾难。印度也同样如此。英国人在印度开办了学校，同英国本土不一样，这些学校并不是为了教育，而仅仅是为了开化印度本地人。一个特殊的文人阶层由此产生，他们因为找不到合适的工作而逐渐与英国政权产生不可调和的矛盾。在这些受过教育的印度人中，无论他们是否有工作，教育带来的第一个影响就是大大降低了他们的道德准则。我在《印度文明》(*Les civilisations de l'Inde*)中始终强调这一点。所有来到印度的作家都看到了这一点。

田、作坊和殖民企业。

这一如今被人们所提倡的专业性教育正是我们的父辈所接受的教育，也是当今世界的主宰者们所接受的教育。这一专业性教育通过其意愿、热情、创新和企业精神得以保留。在一些出色的文章中——我在下文中将继续引用其中的主要段落，泰纳清楚地指出我们过去的教育方式与今天英美的教育方式很相似。他将拉丁民族的教育与盎格鲁—撒克逊民族的教育进行了对比，使我们清楚地看到了这两种教育方式带来的两种结果。

或许我们会接受传统教育中的种种弊端，尽管这一教育仅能培养出失去社会地位的人和对现实不满的人，对知识粗浅的掌握及对课本精确的背诵至少可以提高我们的智力水平。然而这一结果真的会如期产生吗？很遗憾，并非如此！在生活中，判断、经验、创新、坚韧是成功的条件，而我们所学的书本中并不存在这些品质。教科书应像字典一样作查阅参考之用，将其整段整段地记在头脑中无疑是多余的。

专业性的教育应该如何提高智力，从而在某种程度上摆脱传统教育的桎梏？泰纳对此做出了以下恰当的论述：

观念只会在自然正常的情形下形成。这一环境孕育了观念的种子，无数强烈的感受源于年轻人每天的生活——他们应该去作坊、矿场、法庭、学校、船坞和医院，他们应该亲眼看见工具、材料和工序，他们应该面对顾客、工人、劳作者，无论工作是好是坏，无论是耗资巨大还是有利可图。这些特殊的认识通过视觉、听觉、触觉甚至嗅觉被感知，这些感觉在无意间被感知，并在他们身上悄无声息地成形，使他们迟早建立自己的一套：简化、协调、改进或创造。法国年轻人在最有生命力的年纪丧失了这些宝贵的接触形式，也丧失了这些本可以掌握的必不可少的基础知识：在七年到八年的时间里，他们被囚禁在学校里，远离直接的个人体验。这一体验可以为其提供准确生动的关于人和物的概念及管理这两者的方法。

……至少有十分之九的人浪费了他们的时间和精力，浪费了他们生命中的这些年，浪费了有效、重要甚至关键的几年。首先，以他们中一半或三分之二的人为例，他们将时间全部花在考试上。我认为他们是被淘汰的一群人。其次，在那些被录取后继续深造并获得证书文凭的人中，仍然有一半或三分之二的人在我看来是过度劳累的一群人。我们在答辩当天对他们要求苛刻，他们坐在椅子上，面对着考官的桌子。在接连两小时里，他们仿佛成为科学的化身，成为人类所有知识的活字典。事实上，他们仅仅在这个时候这样，仅仅在这一天的这两小时里这样；一个月之后，他们便不再如此。他们无法忍受新的考试；他们曾经获得的那些知识多而无用，不停地从脑海中流失，他们也没有补充新的知识。他们脑力衰退，精力枯竭，此时已经精疲力尽。他们由此安定下来，成家立业，他们的生活开始原地打转，他们被工作所局限，他们无误地完成工作，仅此而已。这便是一般的收益。毫无疑问，收支并不平衡。在英美两国，像 1789 年前的法国一样，我们采取了相反的措施，却会得到一样的甚至更好的收效。

这一杰出的历史学家随后向我们指出了我们的制度与盎格鲁—撒克逊人的制度有何区别。他们的教育并不是源于书本，而是来自事物本身。例如，他们的工程师是在工场中培养出来的，而不是在学校里培养出来的，每一个人都能达到其智力水平允许的最高层次。如果他们没有更大的作为，那就可以选择当工人或者工头；如果能力允许，他们便可当上工程师。这一手段对于社会来说更民主更有效，优于那种花十八至二十年将全部的职业生涯压在一次耗时数小时的考试上的做法。

学徒很年轻的时候就在医院、矿场、手工作坊、建筑师家、律师家学习，他们学习相关知识并加以实践，与我们当今的见习教士和画室里的学徒类似。在入行之前，他们也需要参加一些笼统扼要的课程，因而对将从事的职业框架有所认识，为今后将观察到的现象做好铺垫。初期，常常有一些技术性的课程。他们需要在空闲时间参加这类课程，以便逐步与他们的日常经验取得协调。在这种制度下，他们的实践能力得到了进步与发展，并且与学生的能力相适应，与未来从事的工作的方向及要求相适应。因此，在英美两国，年轻人很快就能找到适合自己发挥所长的工作。在二十五岁以后，甚至更早，在具备所需物质条件的前提下，他们不仅仅是有效的执行者，更是天生的企业家；他们不仅仅是一个齿轮，更是一台发动机——在法国，我们采用的则是相反的方法，每一代人的教育方式都更向中国式的教育靠拢，因而造成了极大的人才浪费。

这位伟大的哲学家就日益加重的拉丁民族的教育制度

与实际生活不相称的现象得出了以下结论：

　　教育具有三个阶段，即儿童教育阶段、少年教育
阶段和青年教育阶段。坐在课桌前依靠书本进行的理
论和学业准备工作不仅耗时过长而且负担过重，这一
切只是为了考试、学位、证书和文凭。这一教育通过
这种最糟糕的方式，通过实行这种违反自然和社会规
律的教育制度，通过无节制地推迟学习实用的知识，
通过寄宿，通过人为的训练和机械的填鸭式教学，过
度劳累，不考虑将花费多少时间，不考虑他们是否已
经成年，也不考虑为学生提供成熟的实践环境，将年
轻人即将进入的真实世界撇在一边；将年轻人本应适
应或提前逃离的外部世界撇在一边；将年轻人理应对
抗的人性冲突撇在一边，但教育本应该是先决的、设
施齐全的、充分准备的、熟练的且根深蒂固的。这些
必不可少的设施、这些重中之重的知识、这些意志和
精力的稳固方向，是我们的学校不曾具备的；恰恰相
反，不仅不具备这些，学校的情况还每况愈下。因此，
人迈进世界或实践的第一步往往只是跌入谷底的开始；
他将长期沮丧，并且长时间恼怒，有时体会的甚至是
永久的伤痛。这是一个可怕并且危险的考验：道德和

精神的平衡被打破，并且很难重新建立；幻想突然由此开始完全破灭，失望和沮丧如此强烈。[①]

我们是否已经远离了前文中群氓心理学的内容？当然没有。要想了解今天发芽、明天开花的观念和信仰，就必须了解孕育它们的土壤。通过青年一代所受的教育，我们可以预见这一国家的命运。当前的教育使我们觉得希望渺茫。教育在某些方面可以改进或改变群氓的灵魂。因此，我们需要说明它在当下的制度中是如何产生的，以及冷漠中立的一群人是如何逐渐变得不满的。他们随时准备接受任何乌托邦分子和雄辩家的暗示。今日的学校培养出的都是一些心怀怨气的人和无政府主义者，拉丁民族的衰败也应归咎于此。

---

① 泰纳：《现代政体》(*Le régime moderne*)，第二卷，1894. 这部分内容几乎是泰纳最后的作品。它充分总结了泰纳长久以来的全部经验。教育是我们可以用来影响一个民族的灵魂的唯一方式。没有一个法国人意识到这一可怕的衰落因素组成了我们当前的教育，这一点令人感到非常遗憾。教育不仅没有起到培育青年人的作用，反而使他们变得堕落并深受其害。

/第六章　产生群氓观念的直接因素/

1. 形象、词语和用语——词语和用语的神奇威力——词语的力量与其唤起的形象密切相关，与其本身的字面意思毫无关系——这些形象因年代和种族而各不相同——词语的过度使用——具有丰富词义的常用词案例——重新命名给群氓留下糟糕印象的旧事物的政治功效——在不同种族中的不同词义——"民主"一词在欧洲和美洲的不同含义

2. 幻想——幻想的重要性——幻想是所有文明的基础——幻想的社会必要性——群氓更喜欢幻想而非真理

3. 经验——只有经验可以在群氓的灵魂中植入必要的真理，并摧毁那些变得过于危险的幻想——经验只有不停重复才能生效——说服群氓需付出的经验代价

4. 理性——理性对群氓毫无作用——我们只能通过对无意识情感的影响来控制群氓——逻辑的历史作用——令人难以置信的事件后的秘密动因

在前文中，我们探讨了给民众的灵魂带来特殊感受的间接因素，这一具有预备性质的因素促成了一些群氓情感和群氓观念的产生。我们现在研究的就是那些可能会直接产生作用的因素。我们将在下章探讨如何使这些因素充分发挥作用。

本书在第一部分中提到了群氓的情感、观念和推理能力，这一认知无疑为我们提供了影响群氓的灵魂的一般方法。我们已经了解到暗示的威力和感染性，尤其是以形象呈现的暗示可以影响群氓的想象力。然而可能产生的暗示源头不尽相同，能对群氓的灵魂产生影响的因素也各式各样，因而有必要将其区分对待。群氓与古代神话中的斯芬克斯类似：必须先解决那些因其心理原因而产生的问题，否则就会被吞噬折磨。

1. 形象、词语和用语

在研究群氓想象力的时候，我们已经看到它特别容易受到形象的影响。这些形象并非一直存在，我们可以通过合理地利用一些词语和用语将其唤起。经过艺术加工以后，它的确获得了神奇的力量，信徒们对其俯首帖耳。这些形象在人们的灵魂深处既可以掀起最可怕的风暴，也知道该如何平息它们。如果我们将因词语和用语的力量而牺牲的人们的骸骨堆积起来建一座金字塔的话，这座金字塔一定会比基奥普斯的金字塔还要高。

词语的力量与其唤起的形象密切相关，与其本身的字面意思毫无关系。最难下定义的词往往会引起轩然大波，如"民主、社会主义、平等、自由"等。这些词的词义模糊到用长篇巨著也不足以将其解释清楚。然而这几个简单的音节有一种神奇的威力，仿佛这几个词包含着所有问题的解决方法。它们囊括了各种各样无意识的向往和将其实现的愿望。

说理和争论的力量无法与一些词语和用语的力量相较量。我们在群氓面前虔诚地颂扬它们，他们立刻会对其马首是瞻。很多人将它们视为自然的力量，甚至是超自然的力量。它们唤醒人们心灵深处的一些画面。这些画面壮丽而模糊，但正是这种模糊感增加了其神秘的力量。我们可以将它们比作神龛后藏匿的令人生畏的神，虔信的人在其面前会激动得颤抖。

由词语唤起的那些形象与其本身的含义毫无关联，它们因年代、民族而各不相同，用语也是如此。一些短暂的形象依附于一些词语：词语只是将其唤醒的按钮。

并非一切词语和用语都具备唤起形象的能力。有些词语和用语在唤起形象之后就失去了这一能力，再也无法唤起人们大脑中的形象。它们因而变成了一些无用的声音，主要作用就是为说话者免除了思考的责任。利用我们年轻时所学到的那些用语和陈词滥调，我们无须经历乏味的思考就能描述生活中的一切。

如果研究某一个特定的语言，我们就会发现组成这门语言的词语在历史长河中的变化非常缓慢，它所唤起的形象与相关联的意思也在不停地变换。这也是为什么我在另一本书中提到这样一个结论：精确地翻译一门语言，尤其是一个已经灭绝了的民族的语言是完全不可能的。事实上，当我们将一个法语词译成拉丁文、希腊文或梵文时，当我们试图读懂一本写于数世纪前的法语书时，我们应该做些什么呢？我们只是简单地用现代生活方式在我们大脑中形成的形象和观念替换了那些与之完全不同的概念和形象。古朴的生活方式在种族的灵魂中形成了这些概念和形象，而当时的生存环境与今天的生存环境没有任何相似之处。大革命时期的人们试图模仿希腊人和罗马人，他们只是赋予了一些古老的词从未有过的新含义。希腊的制度和我们今天所说的制度又存在什么相似之处？当时的共和国，从本质上称得上是贵族制度，这一制度就如同一部分专制君主统治着一些绝对服从的奴隶。这些公社贵族出现在奴隶制的基础上，如若脱离了奴隶制，将一刻都无法存在。

关于"自由"一词，我们今天所理解的自由和另一个时代中的自由相似吗？在那个时代，自由只是一种猜想，没有什么罪名会比议论神灵、法律或城邦习俗更为严重。"祖国"一词对于雅典人或斯巴达人来说，就意味着对雅典或斯巴达的崇拜，绝对不会是由互相敌对的城邦组成并长期处于战事中的希腊。同样是"祖国"这个词，它在古代高卢又有怎样的含义呢？古代高卢因部落间的互相对立而分裂，其种族、语言和宗教都各不相同。恺撒之所以能如此轻易地征服他们，正是因为他总能在他们中找到同盟。罗马将高卢统一成一个国家，就是通过统一其政治和宗教这样的手段。我们甚至不需要追溯到那么久以前，就以两百年前的事为例，对于当今的法国统治者来说，"祖国"一词是否与叛国投敌的孔代所理解的祖国一样？对于那些流亡的贵族来说，这个词的含义与今天的含义也完全不同。他们认为自己对法国的抵抗是出于恪守礼节，他们服从的实际上是自己的见解，因为他们认为封建制度的法律是服务于封建领主的，并不属于这块热土。他们认为只有由君主领导的地盘才是真正的祖国。

随着时间的推移，很多词的词义都产生了深刻的变化。我们无法了解它们的曾经，无法了解它们经历了多么长久的努力。为了正确理解我们曾祖父眼中的国王和皇室的含义，大量的阅读是必不可少的。对于那些更复杂的词，我们又该如何理解呢？

随着时间的推移，民族的更迭，词语只会具有一些变化无常的暂时含义。当我们想通过词语去影响群氓时，便需要知道它在特定的时刻在群氓中有什么含义，并非它曾经的含义或其他具有不同精神结构的个体赋予它的含义。词语的存在方式与观念的存在方式相同。

在经历了政治的动荡、信仰的更迭之后，群氓最终表明了对词语唤起的形象的深恶痛绝。真正的政客的首要任务无疑是换汤不换药地改变其说法。这些新的词语与那些世代相传的制度关系十分紧密，以致很难改变其说法。目光敏锐的托克维尔就曾指出，执政府时期和帝国时期人们的工作就是要用新的词语伪装旧制度，换掉那些会让人产生难以忍受的形象的词——新词则不会使人产生这些联想。人头税更名为土地税；盐税的说法从"gabelle"变为"impôt du sel"；间接税的说法从"aides"变成了"contributions indirectes et droit réunis"；行会师傅与管事的税款更名为营业税，如此种种，不胜枚举。

政客最重要的职责之一就是重新命名，用或新潮或中立的说法代替那些被群氓所厌恶的事物的旧名称。词语的威力如此强大，如果选词恰当，甚至可以让群氓欣然接受最可憎的事物。泰纳的论述非常正确，他指出雅各宾党人正是利用了"自由""博爱"这些受欢迎的词，才"建立起能与达荷美一比高低的专制，建立起能与宗教裁判所媲美的法庭，开展像古代墨西哥人那样的人类大屠杀"。统治的艺术与律师的艺术一样，关键在于掌握驾驭文字的能力。这是一门很难掌握的艺术，因为哪怕在同一个社会中，同样的词对于不同的社会阶层来说也有着不同的含义。表面上他们用着同样的词语，但实际上却表达着不同的意思。

在前文的这些例子中，我们将时间视为影响词义的主要因素。如果将种族这一因素也考虑进去的话，我们会发现，哪怕在同一时代，对于一些同样受到教育却来自不同种族的人来说，相同的词能与完全不同的观念相对应。如果不去周游列国，人们根本无法理解这些差异，因而我不会着重强调这一点。我只想指出，那些最常用的词在不同民族中的含义完全不同，如我们今天频繁使用的"民主"和"社会主义"。

这两个词在拉丁民族的灵魂和盎格鲁—撒克逊民族的

灵魂中，实际上对应着完全对立的观念和形象。在拉丁民族中，"民主"一词指的是个体的意愿和积极性要让步于国家。后者集管理、集权、垄断和伪造的权力于一身，且势头愈演愈烈。所有党派无一例外，无论是激进派的拥护者、社会主义的拥护者还是君主制的拥护者，都不断求助于它。在盎格鲁—撒克逊人中，尤其是美洲的盎格鲁—撒克逊人，同样是"民主"一词，却有着相反的含义。"民主"意味着个体意愿的高速发展，国家需让步于个体，除了治安、军队和外交关系等方面，国家在任何方面都没有领导权，甚至在教育方面亦是如此。因此，同一个词语在这两个民族中的含义是完全相悖的。①

2. 幻　想

　　自文明诞生以来，民众便一直受到幻想的影响。我们为幻想的缔造者们修建了庙宇，竖立了雕塑，设立了祭台。我们发现，无论是过去的宗教幻想，还是如今的哲学和社会幻想，它们都统治着我们这个星球上陆续诞生的文明。正是因

---

① 在《民族进化的心理定律》一书中，我用了很长的篇幅探讨拉丁民族和盎格鲁—撒克逊民族在民主理想上的不同点。

为它们，我们才建起迦勒底和埃及的庙宇，以及中世纪的宗教建筑，也是因为它们，整个欧洲在一百年前才会动荡不安。我们没有一个艺术构想、政治构想或社会构想不受到幻想的强大影响。人们有时试图以巨大的动乱为代价将其推翻，但是它们总能死灰复燃。如果没有这些幻想，我们就无法摆脱原始的野蛮；如果没有这些幻想，我们将再次陷入野蛮之中。恐怕它们只是一些虚幻的影子；但是这些梦想的产物却促使民众创造了辉煌的艺术和盛大的文明。

一位作家将我们的看法作了进一步总结："如果我们摧毁所有从宗教获得灵感的艺术作品和纪念碑，在博物馆和图书馆中将它们摧毁，或将其推倒在教堂广场的石板路上，人类的伟大梦想还剩下什么呢？就让人们怀有希望并抱有幻想吧，否则他们将无法活下去，这正是众神、英雄和诗人存在的理由。在一段时间内，科学承担了这一工作。但是最终还是在面对渴求理想的心灵时做出了妥协，因为科学不敢做出承诺，也不知道该如何撒谎。"

18世纪的哲学家满怀热情地投入摧毁宗教、政治、社会幻想的工作中，我们的父辈在这种环境中已经生活了很久。他们在毁灭这些幻想的同时也使希望之源和屈从之泉慢慢枯竭。幻想被扼杀之后，他们找到了盲目的自然力量。他们面对弱小之物时严酷无情，丝毫没有怜悯之心。

科学尽管已经取得了一些进步，但是仍旧无法提供一种能够吸引民众的理想。幻想对于他们来说是必不可少的，是由本能引导的。他们如飞蛾扑火一般，奔向那些给予他们幻想的雄辩者。促进民众演化的重要因素从来都不是真理，而是谬误。社会主义的力量之所以至今仍在壮大，就是因为它是现存的唯一一个仍然具有生命力的幻想。科学的论证丝毫没有阻碍其前进的步伐。其力量被一些人所遏制，这些人无视现实，并敢信口开河地承诺可以给人们带来幸福。如今，这一社会幻想凌驾于一切过去聚积的废墟之上，未来也是属于它的。群氓从来都不渴望获得真理。当他们面对那些使他们不快的证据时，他们便转身离去，他们更喜欢将吸引他们的谬误奉为真理。知道如何使群氓产生幻想的人轻易就能成为其主人，而那些试图使他们的幻想破灭的人永远是殉道者。

3. 经　验

通过经验，我们可以将真理植入群氓的灵魂，这几乎是唯一的方法。我们还可以通过经验摧毁那些变得过于危险的幻想。必须发生在较大范围内，并且不断重复强调，这样，这一可能性才能实现。一代人的经验对下一代人来说通常是无用的，这也是为什么将历史事件拿出来作为论据是行不通的。它们唯一的作用是说明经验应在何种程度上年复一年地发挥其影响，并且动摇深入人心的错误观点。

18世纪和19世纪恐怕会被未来的历史学家看作充满奇幻故事的时代。没有任何一个时代有如此多的尝试。

规模最大的应属法国大革命了。在二十年里，数百万人为此献出生命，整个欧洲动荡不安，我们这才意识到社会全方位的重塑无法依赖于纯粹理性的引导。为了证明专制者使他的拥护者付出了惨重的代价，五十年之内发生了两次不可避免的具有破坏性的实践。虽然结论清晰，但是它们看上去并不令人信服。前者的代价是三百万条生命和一次入侵，后者的代价则是割让了领土并且意识到常备军的必要性。第三次可能会在几年之后发生，并且它的发生是必然的。如果想证明德国军队不再像1870年前那样是一支战斗力薄弱的军队的话①，那就要付出一场残酷战争的

———————

① 在这种情况下，观念的形成是由互不相似的事物胡乱拼凑而成的。我在前文已经解释了这种机制。当时，我们的国民卫队是由一些温和的作坊主组成的。他们缺乏纪律，无法担当重任，所有与之类似的部队名称都会唤起人们相同的形象，因而认为德国的军队也是缺乏战斗力的。群氓的这一错误常常在舆论中出现，群氓的领导者也会犯这一错误。在1867年12月31日的一次国民议会发言中，一名经常追随民意的政客，梯也尔先生就反复指出普鲁士除了拥有一支与我们人数相当的常备军以外，只拥有一支与我们类似的国民卫队，因而无法对我们构成威胁。梯也尔先生关于铁路问题的预测也犯了同样的错误。

代价。为了意识到贸易保护政策会给其接受者带来毁灭，一些灾难性的经验必不可少。这些例子数不胜数。

4. 理　性

我们在枚举能够影响群氓灵魂的因素时无须提到理性，我们仅在必要时指出其影响的消极作用。

我们在前文已经指出群氓不受推理的影响，他们只能理解那些随意联系在一起的观念。知道如何影响群氓的演说家会去影响他们的情感，而不是他们的理性。理性逻辑的定律对群氓无法起作用。[①] 要想说服群氓，首先需要明白他们会受到哪种情感的影响，佯装具备这一情感，然后

---

① 在巴黎被围困时期，我第一次注意到影响群氓的技巧与逻辑无关紧要。有一天，我看见一群愤怒的人将一个军官押至卢浮宫。他们声称他试图将法方的防御工事计划卖给普鲁士人。一位政府官员出现了，他是有名的演说家，面对那些声称要立马处死这名罪犯的人，他开始与之谈判。我原以为他会指出这一控诉的荒谬，指出这位被指控的军官是防御工事的建造者之一，而防御工事的计划在任何一家书店都能买到。令我吃惊的是——我那时还很年轻，他说了完全不同的话。他向罪犯吼道："正义将得到伸张，正义是无情的，让保卫国家的政府来完成你们的调查工作吧。在此期间，我们会将他囚禁。"群氓因这一令他们满意的表象而立即平静下来。人群散去，一刻钟之后，军官便被释放回家。如果他的辩护者在盛怒的群氓面前借助逻辑推理为他辩护，那他肯定会被就地正法，而那时年少的我以为辩护的方式才能令人信服。

试图去改变这一情感，通过基本的联想制造出一些具有暗示性的形象。要紧跟他们的需求，时时刻刻揣摩群氓产生的情感。根据我们说话时产生的反应而改变措辞是不可避免的，因而我们无法事先研究和准备任何一篇演讲。只按照自己的思路进行而不考虑听众感受的演讲者，仅凭这一点就注定失败。

那些逻辑性强的头脑习惯于紧密的逻辑联系，在劝说群氓时，他们难免会使用这一方式。当劝说不起作用时，他们总会感到意外。一个逻辑学家写道："常见的数学结论必须建立在三段论基础上，也就是说，建立在一般性的联想上，这些结论无法被推翻。这一必然性使得哪怕是深谙其道的无机物都无法辩驳。"群氓恐怕并不比无机物有更好的理解力，他们甚至充耳不闻。如果人们试图通过推理去说服这些人，如原始人、野蛮人或儿童，便会知道这一论证方式是多么无用。

为了认清推理在与情感斗争时是多么无力，我们并不需要倒退到原始状态。我们只需回想在长达几个世纪的时间里，与最简单的逻辑相悖的宗教迷信有多么牢固。在近两千年的时间里，最高明的人都屈服于它，直到现代我们才对其真实性提出异议。中世纪和文艺复兴时期也有不少开明之士；他们中没有一个人通过推理指出这些迷信中的幼稚，也没有人对魔鬼的罪行和烧死巫师的必要性产生一丝质疑。

我们应该为群氓不受理性的引导而感到遗憾吗？我们不能这么说。人类的理性恐怕无法使人性在文明之路上迸发出热情与大胆，而幻想可以。它们是我们无意识的产物并引领着我们，这些幻想多半是必要的。每一个种族的命运法则都包含在它的精神组成中，或许该种族对这些法则的服从是出于不可抗拒的本能，甚至那些从表面上看未经思考的冲动。人们常常为一种神秘的力量所控制，这一神秘力量与让橡栗成长为橡树的力量，或者使彗星按轨迹行驶的力量相似。

我们要想对这一力量有所了解，就必须在一个民族演化的过程中去认识到这一力量，而不是从演化过程所产生的孤立事件入手。如果我们只考虑这些孤立的事件，历史仿佛就是由一些荒谬的偶然因素支配的。一个不知名的来自加利利的木工在两千年里变成了一个万能的神，并且人们以他为基础建立起了最重要的文明，这的确令人难以置信；同样令人难以置信的还有，一群从沙漠走出的阿拉伯人最终占领了古希腊和古罗马的大部分疆域，并建立起比亚历山大的领土还要宽广的帝国；更令人难以置信是，在等级森严的古老欧洲，一个区区炮兵中尉征服了众多民族以及诸多王储。

因此，我们不妨将理性抛给哲学家。对人的统治并不需要理性的介入。名誉、自我牺牲、宗教信念、对荣誉和国家的热爱等情感的产生并非出于理性，反而常常与之相悖。这些情感才是一切文明产生的重要推动因素。

/ 第七章 群氓的领袖及其劝导手段 /

1. 群氓的领袖——组成群氓的一切生物都有服从领袖的本能需要——领袖的心理——只有领袖能赋予群氓以信仰并将其组织起来——领袖的专横——领袖的分类——意志所扮演的角色

2. 领袖的行事方式——断言、重复、传染——这些因素各自扮演的角色——下层社会如何传染上层社会——民意很快就会变成普世的观念

3. 威望——威望的定义与分类——后天的威望和个人的威望——诸多案例——如何消除威望

我们现在已经了解了群氓的精神结构，也了解了哪些动力能影响群氓的灵魂。我们现在需要研究的是如何利用这些动力以及哪些人能有效地利用它们。

1. 群氓的领袖

只要一定数量的生物聚集在一起，无论是一群人还是一群动物，它们都会本能地处在某一首领的领导之下，也就是某一领袖的领导之下。

在由人组成的群氓中，领袖的作用举足轻重。他的意志是群氓形成观念并统一观念的核心。群氓就像是无法脱离领头羊的羊群。

领袖起初也常常被一些观念所吸引，而后成为这些观念的使徒。这些观念深入领袖的骨髓，除此以外的一切事物甚至都会在他们眼中消失，所有的对立观念在他看来都是谬论和迷信。例如，罗伯斯庇尔就被空想主义的观念吸引，他通过宗教裁判所去传播这些观念。

领袖往往不是思想者，而是行动者。他们没有远见，也不会变得有远见——远见常常使人迟疑不决。他们常常产生自那些游走在精神错乱边界的人，即那些精神病人、狂热分子、半疯癫的人。他们捍卫的观念、追随的目标是如此荒谬，任何推理在其信念面前都会变得不堪一击。蔑视和迫害只会使他们更加兴奋。他们牺牲了个人利益，牺牲了家庭，牺牲了一切。他们已经不具备自我保护的本能，他们恳求的唯一奖赏常常就是殉难。信誓旦旦的誓言将他们的话渲染得极具启发性。人们总是听从于意志坚强的人。组成群氓的个体已经丧失了一切意志，他们会本能地转向那些具备坚强意志的人。

民众从来不缺少领袖，但并不是所有人都拥有能招募使徒的坚强信念。他们往往是洞察入微的雄辩家，只追求个人利益，并力求通过迎合低劣的本性达到说服的目的。他们带来的影响也常常是昙花一现。那些支撑起群氓灵魂的伟大信徒：皮埃尔修士、路德、萨伏那洛拉，以及大革命时期的那些人物，他们都是自己先被某种信仰征服，然后才开始施展威慑力的。他们以信仰之名在群氓的灵魂中产生了巨大的威力，使他们彻底沦为自己梦想的奴隶。

这些伟大领袖的职责就是创造信仰。这些信仰包括宗教信仰、政治信仰或社会信仰，也包括对一部作品，对一个人，对一种观念的信仰。在人类拥有的一切力量中，信仰总是最重要的力量之一，难怪福音书称其有力可拔山的能力。赋予人信仰，就是将他的力量扩大十倍。那些重大的历史事件常常是由默默无名的信徒创造的，他们除了自己的信仰外一无所有。建立统治全世界的宗教或疆域辽阔的帝国从一个半球拓展到另一个半球，这并非得益于文人或哲学家，也并不归功于怀疑论者。

然而，这些例子只适用于那些伟大的领袖。这些人寥寥无几，历史学家轻易地就能将他们罗列出来。他们组成了延绵不绝的山峰中的最高峰，顶端是有权有势的领袖，底端则是在烟雾缭绕的小旅馆里不停地重复那些他们自己都不明白的格言警句来迷惑他的同伴的工人。在他们看来，只要付诸实践，他们必将实现所有的梦想和所有的愿望。

在每一个社会领域，从最高层到最低层，人一旦摆脱了孤立的状态，便会陷入领袖的统治。大多数个体，尤其是大众中的个体，除了各自的专长以外，并不具有经过思考的清晰观念。他们无法独立前行，领袖充当了他们的领路人。迫不得已时，尽管远远不够，我们可以用定期出版物代替领袖。这些出版物为读者提供了诸多现成的观念，使他们免于自己思考。

领袖的权力十分专横，他们甚至因此使人敬畏。我们注意到，他们没有通过任何方式支撑他们的权力，就轻易获得了最不安分的工人阶层的服从。他们规定了工作时间，他们制定了工资比例，他们还决定了罢工开始的时间和结束的时间。

国家政权遭人非议并逐渐削弱，领袖们如今试图逐步取而代之。得益于这一专制，这些新主子获得了群氓的顺从，群氓对他们要比对任何一届政府都顺从。如果由于某个意外事故，领袖退出并且没有立即产生后继者，那么群氓又将变成一个没有凝聚力和抵抗力的集体。在巴黎的一次公共马车车夫罢工中，领头的两个人一旦被捕，罢工就立即结束。控制群氓灵魂的并非对自由的渴望，而是对被奴役的需要。他们有渴望服从的天性，服从于任何自称是他们主子的人。

我们可以将领袖阶层明确地划分成两类。一类是那些精力充沛的人，他们有很强的意愿，但这些意愿只是一时的；另一类极为罕见，他们拥有既坚强又持久的意志。前者表现出的是暴力、胆大和放肆。他们尤其擅长在突然出现的危险情况下领导群众，使新兵一夜间变成英雄。第一帝国时代的内伊和缪拉就是这样一个例子。又如我们这个时代的加里波第，作为冒险家他毫无天赋，但却精力充沛。尽管那不勒斯王国受一支纪律严明的部队的保护，但他只率领了一小支部队就拿下了那不勒斯王国。

不过，尽管这些领袖精力充沛，他们的统治时间却很短暂，并且无法依靠成就他们的刺激因素延续下去。回到日常生活后，这些生龙活虎的英雄正如我刚刚指出的那样，常常表现出令人震惊的弱点。他们好像失去了思考的能力，并在最简单的情况下被人领导，尽管他们曾经能够很好地领导别人。只有当他们自己被别人领导并不断地受到激发时，当他们时时感到自己被一个人或一种观念引领并沿着既定的路线前进时，这些领袖才会发挥自身的作用。

第二类领袖，即那些有着持久意志的领袖，尽管不如前者那么引人注目，但是他们的影响力更大。在他们中间，我们能找到宗教和丰功伟业的真正缔造者：圣保罗、穆罕默德、克里斯托弗·哥伦布和雷赛布。无论博学还是愚笨，他们拥有整个世界。他们身上所具备的持久意志是一种极其稀有的才能，同时也极为强大。这一才能可以征服一切。我们无法完全了解坚强持久的意志的威力，但没有任何东西能够阻挡它，无论是大自然、诸神还是人类。

最近的一个例子就是伟大的工程师雷赛布将世界一分为二，完成了三千年来的伟大君主们试图完成却没有完成的任务。随后，他在另一个类似的工作中有所失利，皓首苍颜，一切机能都逐渐衰退，包括意志。

我们可以追溯开凿苏伊士运河时克服的种种困难，这足以证明意志的力量。见证了这一事件的卡扎利博士用激动人心的笔调记录下这项工程的创始者对这一工程的评价："他日复一日地讲述运河修建中一个个史诗般的故事。他讲述着他所克服的一切，如何将不可能变为可能，遇到的一切阻力，站在其对立面的联盟，种种沮丧，种种挫折，种种失败。但这些从未使他气馁，也没有将他打败。他叙述了英国对他不间断的打压行为，埃及和法国的踌躇不决。法国领事在工程初期是最大的反对者，他们拒绝提供淡水，让工人们挨渴。海军部长和工程师，所有经验丰富、行事严谨的科学家都自然而然地站到了对立面，他们从科学的角度认定这将是一场灾难，甚至像推断何年何时将出现日食一样推算出具体的日期。"

记录这些伟大领袖的生平的书中并没有太多的名字，但正是这些名字引领了文明和历史中的大事件。

2. 领袖的行事方式：断言、重复、传染

要想转瞬间激发群氓的热情并让他们采取某一行动，

如抢掠宫殿或誓死保卫阵地，就需要立即对他们施加暗示。最有力的暗示仍旧是典范。群氓对一些形势需要事先做好准备，那些想引领群氓的人则需要具备一种品质——我将在后文对其展开研究，我将这种品质称作威望。

如果要将思想和信仰慢慢植入群氓的灵魂深处——如现代社会理论，领袖的做法各不相同。但大致上来说，他们的做法分以下三步：断言、重复和传染。它们的运作时间非常漫长，但效果可以维持很长时间。

摆脱理性和证据的简洁断言无疑是使观念深入人心的方法。越简明的断言、越缺乏证据和论证的断言越具有威信。宗教书籍和每个年代的法典都来自简单的断言。无论是需要维护某一政治利益的政客，还是试图通过广告推销其产品的工业家，他们都深谙断言的价值。

但是断言只有在不停重复的情况下才会起作用，并且应该尽可能地使用同样的措辞。拿破仑曾说过，在诸多修辞中只有一种修辞最重要，那就是重复。通过重复，被断定的那些事实深入人心，并被当作已经被证明了的真理。

在目睹了重复对高明之人产生的作用后，我们便不难理解它对群氓产生的影响。被重复的事情最终会落脚于无意识的深处，而我们行动的动力正是来自这一区域。一段时间之后，我们会忘记是谁在不停地重复，而会对所重复的事情深信不疑。广告的惊人威力也正在于此。当我们成百次地读到称 X 牌巧克力是最好的巧克力的广告时，我们便会认为自己经常听到这一说法，从而真的相信这是最好的巧克力。我们曾成千次地听说 Y 牌药粉治好了某名人的顽疾，当我们自己哪天也患上了这种病时，自然会使用同样的药粉。如果我们在某报纸上经常看到报道，说某人是一个无赖而另一个人是一个品德高尚的人，倘若我们不经常看说前者品德高尚而后者却是无赖的报纸的话，我们便会真的相信前者是一个无赖而后者是一个品德高尚的人。断言和重复的威力都很大，两者之间会相互对抗。

正如一些金融公司收买了所有的参与者，形成我们所说的舆论倾向，当一个断言被重复的次数足够多，并且这些重复保持一致性时，传播的强大机制也涉足其中。在群氓中，观念、情感、感情、信仰都具有病毒一般强大的传染力。这一现象也出现在成群的动物中。马厩中一匹马的恶癖会被这一马厩中其他的马模仿。一群羊中的几只羊因受到惊吓而变得慌乱，随即这一状态会蔓延到整个羊群。情感的这种传染性解释了突然产生的惊恐。精神紊乱，如精神病，也会因为传染性而蔓延。精神病医生很容易患上精神病，这是不争的事实。我们甚至发现一些神经病，如广场恐惧症，就是通过人畜传播的。

对诸多个体的传染并不一定同时同地。一些事件会使群氓的思想汇聚到同一个方向并赋予他们一些特殊的品质，群氓也会受到这些远距离的影响，尤其是在他们已经做好准备接受那些我上文所研究的间接因素的影响的时候。例如，1848年巴黎爆发了大革命。革命迅速蔓延到大半个欧洲，动摇了好些君主政权。[①]

我们将诸多社会现象都归因于模仿，事实上模仿只是传染造成的一种简单结果。我很久之前就在另一本书中提到了传染的作用，一些作家由此还做了进一步阐释。在此，我引用的是我曾经的论断：

> 与动物一样，人生来就会模仿。人需要模仿，当然这里的模仿是给人们带来便利的那些。也正是出于这种模仿，风尚才得以发挥作用。无论是观念、思想、文学作品还是服装，有谁能摆脱模仿的统治？引领群氓的是典范，而非论证。每一个年代，大众都会效仿一小部分具有鲜明个性的人的行为。但是这一小部分具有鲜明个性的人又不应与传

---

① 参照我的前几部作品：《政治心理学》（*La psychologie politique*），《观念和信仰》（*Les opinions et les croyances*），《法国大革命与革命心理学》（*La Révolution française et la psychologie des révolutions*）。

统观念背道而驰。因而模仿会变得困难重重，并且毫无作用。正是基于这一点，每个年代中那些思想超前的人通常都对这一年代毫无影响。他们相距甚远。这也是为什么尽管欧洲文明有诸多优点，对东方人的影响仍微不足道。

历史和相互模仿的双重影响会使得同一国家或同一时代的人日趋相似，甚至会发生在那些看似会逃脱这一现象的人中，如哲学家、专家和文人。他们的思想和风格都有相似的气息和一眼就能认出的时代烙印。与个体进行简短的交谈就足以完全了解他们的学识、日常处理的事务和所处的环境。[1]

传染的威力不仅能强加给人种种观念，还能强加给人感觉方式。正是传染使得某一著作在一段时间里不受重视。以《唐豪塞》(*Tanhauser*)为例，这本书在受到蔑视的几年后，又受到了同一群人的极力追捧。

观念和信仰的蔓延通常都是依靠传染的机制，很少通过理性传播。在小酒馆里，正是通过断言、重复和传染，

---

[1]　勒庞：《人与社会：起源及历史》(*L'homme et les sociétés, leurs origines et leur dévelopment*)，第二卷，第116页，1881。

工人们新近的观念才得以建立。每一个时代的群氓，其信仰的创立都如出一辙。勒南将基督教的创立者们比作"在一个个小酒馆里传播其思想的社会主义工人"，伏尔泰也将基督教视为"一百多年来，只得到了最无耻的恶棍的认可"。

与我刚才列举的例子相似，传染在作用于市民阶层之后，开始向上层社会蔓延。我们今天便处在这一状态之中，社会主义学说开始拉拢他们的第一批受害者。在传染技巧面前，个人利益消失殆尽。

这也正是为什么深得人心的观念最终都会在上层社会得到承认，哪怕这些取得胜利的观念的荒谬性非常显而易见。群氓的信仰或多或少源自那些更高层次的思想，而这些思想往往在它们的源头毫无影响力，上文出现的这种下层社会对上层社会的反作用更值得我们留心。那些控制这些更高层次的思想的领袖们会将其改头换面，创造出新的派别，然后在群氓中大肆传播。一旦成为被大众所认可的真理，它便会以某种方式回到其发源地，对一个民族的上层产生作用。归根结底，世界还是处于智者的引领之下，但是这种引领的作用非常间接。当哲学家的思想通过我刚才描述的机制最终获得胜利时，提出这些思想的哲学家早就归于尘土了。

3. 威　望

如果观点通过断言、重复和传染获得了巨大的威力，它们获得的这股神秘的力量就是威望。

一切统治世界的力量，无论是观念还是人，都会通过一股不可抵抗的力量加强自己的力量，而这一不可抵抗的力量正是"威望"。我们能够领会这个词的各种含义，但是每个人表现这个词的方式都不尽相同，因而我们很难给它下定义。"威望"一词所包含的感情既可以是钦佩也可以是畏惧，有时还会以这些感情为基础，也有可能脱离这些感情而存在。一些已经离世的人依然具有很高的威望，如亚历山大、恺撒、穆罕默德和释迦牟尼，我们对其仍怀有畏惧之心。同时，还有一些我们并不欣赏的虚构存在（如印度地下庙宇中那些面容狰狞的神像）也具有很高的威望。

威望实际上是一种魅力，是某个人、某部作品或某种学说作用于我们灵魂的魅力。这一魅力会使我们的批评变得无力，使我们的灵魂充斥着惊诧和敬重。由此产生的情感和一切情感一样无法解释，但是或许与被吸引后所产生的暗示类似。威望是一切统治形式的最大动力。无论是神灵、君主还是妇女，他们都无法离开威望行使统治的权力。

我们可以将诸多威望分为两类：后天的威望和个人的威望。后天的威望包括名望、财富和声誉。它们独立于个人的威望。相反，个人威望与名声、光荣、财富共存，或因它们而加强，但是它们的存在方式是完全独立的。

后天或者人为的威望更普遍。某个个体占据某个职位，享有某些财富，拥有某个头衔，仅凭这一事实，他就拥有了威望的光环，哪怕他本人一无是处。一身戎装的军官或身披红袍的法官永远拥有威望。帕斯卡就曾很恰当地指出，长袍和假发对于法官来说必不可少。如果少了长袍和假发，他们也就失去了大部分权威。最愤世嫉俗的社会主义者也会多少被王公贵族的形象触动；这些头衔足以让我们从生意人那里骗取任何我们想要的东西。[①]

---

① 在所有国家，头衔、勋带、制服对群氓的影响都广泛存在，哪怕是在那些个人独立意识非常发达的国家。在此，我将引用一本游记中的一段，描写的是英国贵族享有的威望："在诸多场合中我都看到，哪怕是最理性的英国人在与英国贵族接触或看见他们的时候，都会表现出非同一般的狂热。只要他的穿戴证明了他所处的地位，他一定会受到人们的拥戴。为了和他接触，人们甚至像中了魔法一样甘愿倾其所有。当他们接近他的时候，我们能看见人们高兴得脸上泛起了红晕。如果能和他说话，人们会高兴得满脸通红，眼中还闪耀着罕见的光芒。我们可以这么说，他们的血液中就流淌着崇拜贵族的基因，正如西班牙人热爱跳舞，德国人热爱音乐，法国人热爱革命。他们对骏马和莎士比亚的热情要暗淡得多，因为它们从骏马和莎士比亚那里获得的满足和骄傲位居次要。关于贵族的书籍则非常畅销，如同《圣经》一般，无论在何处，我们都能看见人手一册。"

我刚才谈到的威望是由人来实现的，另外还有一些由观念、文学作品或艺术作品等来实现的威望。这常常是日积月累的重复所致。尤其是历史、文学史和艺术史，它们就是在不断重复一些相同评价，这些评价没有经过任何人的核实，每个人都会重复他在学校所学到的。其中一些名字和事情的威望无人敢动摇。对于现代读者来说，荷马的作品读起来着实令人厌烦，但是谁敢这么说呢？帕特农神庙的现状只是一堆废墟，没有任何价值，但它蕴含的威望使我们会将其与诸多历史记忆联系起来瞻仰。威望的特性就是使我们看不清事物本身的样子，麻痹我们的判断力。群氓和个体永远需要现成的观念。这些观念受到的赞赏与它本身的对错无关，只与其威望有关。

我下面要谈的是个人的威望。其本质与人为的威望（后天的威望）完全不同。获得个人的威望所涉及的才能是脱离一切名号和特权而独立存在的。具有这一才能的少数人对周围的人具有很大的威慑力，哪怕他们的关系是平等的。我们对这些人的服从就像是猛兽对驯兽师的服从，尽管它们具备一口吞掉驯兽师的能力。

人类的伟大领导者——释迦牟尼、耶稣、穆罕默德、圣女贞德、拿破仑，都具备这一极高的威望。他们正是因此令人敬服。各种神灵、各路英雄、各类教义也因此树立了威望，但是它们经不起讨论，一旦对其展开讨论，它们就会变得站不住脚。

刚才我列举的那些伟人在成名之前就具备了这一慑服力，否则他们也不会功成名就。拿破仑处在荣耀的顶峰，仅因他所具备的权力，他就拥有了巨大的威望，但其实他在其革命道路的初期就具备了这一声望。当他还是无名小卒时，他倚仗自己的靠山被派去统领意大利军队。他落入了一群粗暴的意大利将领中，他们正准备给他这个督政府派来的年轻闯入者一个下马威。第一次见面，当他们第一眼见到他的时候，便认为他以后必成大器。他没有借助语言、动作或威胁去表现自己的威望就得到了他们的臣服。泰纳依据同时代的一些回忆录，描述了当时的会见场面：

包括奥热罗在内的师长们，一个个粗俗蛮勇，他们因为自己身材高大和英勇无畏而沾沾自喜，他们怒气冲冲地来到司令部一睹这个从巴黎派来的身材矮小的新贵。基于道听途说的描述，奥热罗牢骚满腹，不愿服从于拿破仑：他是巴拉斯面前的红人，保王党的将领，出身于市井，体格壮硕得像熊。他常常独自思考，相貌平平，有数学家和梦想家的美名。众人被领了进来，波拿巴迟迟不出现。他最终露面了，腰上佩着剑，穿戴整齐，表明其来意，发号完命令就将他们解散了。奥热罗一直保持沉默，当拿破仑离开时才恢复镇定，并逐渐恢复了往日的粗鄙。他与马塞纳的观念一致，这个个头矮小的将军使他们心生敬畏。他无法理解在见到拿破仑第一眼时就感受到的那种威严。

在成为伟人之后，领袖的威望随着其荣耀增长，在信徒心中如同神灵一般。旺达姆将军，革命时期的莽夫，比奥热罗还要粗野刚毅，他于1815年的某一天在杜伊勒里宫与奥纳诺元帅一起上楼梯时说："我亲爱的元帅，我无法理解为何那个魔鬼般的人能对我产生如此大的威慑力。我本是一个既不畏惧神灵也不畏惧魔鬼的人，但是当我接近他的时候，我会像孩子一样发颤，仿佛是要让我钻过针眼、跳入火海一般。"

拿破仑对其周围的任何人都有这样的威慑力。①

---

① 拿破仑深知自己的威望，他明白如果他待周围人都不如待马车夫好的话，他的威望将更上一层楼。他身边的这些人中有一些甚至是令人生畏的欧洲显贵。当时的记载都反映了这一点。某日，在行政法院里，拿破仑严厉责骂了伯格诺，像责骂一个做错了事的男仆。当指责生效时，他又走近伯格诺，对他说道："哎，你这个大笨蛋，你找到脑子没？"身材高大得像军乐队鼓手长一般的伯格诺此时深深弯下了腰，身材矮小的拿破仑拎着大个子伯格诺的耳朵。对此，伯格诺写道："这是令人陶醉的宠爱方式，是他平易近人的仁慈表达。"通过这些例子，我们能看到威望使人们如此卑躬屈膝。我们由此也可以理解君王是多么轻视周围的人。

达武在谈论他与马雷的忠心时说："如果皇帝对我们俩说'将巴黎夷为平地，不要留一个活口，这关系到我的政治利益'，马雷将会保守这个秘密，我肯定也不会把它透露出去，但是他会将他的家人带出巴黎，以免他们受到牵连。而我，为了不让我的家人猜到这一秘密，会将他们留在巴黎。"

这一威慑力的巨大力量解释了为何拿破仑能不可思议地从厄尔巴岛回到法国：只身一人征服了法国，并与一个厌倦了其暴政的大国组织的军事力量进行抗争。对于那些扬言前来制服他的将领，他只需看他们一眼，他们就会心甘情愿地束手就擒。

英国将军沃斯利记载道："拿破仑从厄尔巴岛回到法国时像逃难者一样只身一人。厄尔巴小岛曾是他的王国，他在几周内一滴血没流就推翻了合法皇帝统治下的所有权力组织：一个人的权势能用比这更令人震惊的方式证明吗？在这场他最后的战争中，从头至尾，他给其盟国又施加了多少引人注目的巨大影响？他们不得不服从他，他差一点就能打垮他们。"

他的威望在他死后仍不断扩大。他的威望使得他碌碌无为的侄子当上了皇帝。当我们今天再次回顾他的传奇故事的时候，发现他的威望不减当年。待人粗暴，屠杀了上百万人，发起了一次接一次的入侵，可见，如果你有足够的威望并且知道如何掌握，任何行为都将成为可能。

在此我援引的是关于威望的异乎寻常的例子，这些例子对于了解一些伟大的宗教、学说和帝国的起源大有裨益。如果这些威望没有作用于群氓，这一源起就会变得难以理解。

威望不仅仅建立在个人权势、军事荣耀或宗教敬畏上，它还有一些次要的根源值得留意。我们所处的19世纪就提供了大量这样的例证。一代又一代后人将会记住历史上这样的例子：雷赛布通过将世界一分为二改变了世界的风貌，改变了人们的商业关系。他的成功不仅仅是因为他强大的意志，还因为他对周围人的震慑力。在对抗一致的反对意见时，他只用了片刻站出来陈述自己的意见，语言的魅力随即使他化敌为友。尤其是当英国人对他的计划提出激烈的反对时，他在英国的出现足以赢得所有的支持。随后，他路过南安普顿时一路钟声不断。他在战胜了一切之后，认为没有任何人或任何事可以阻碍他，便开始了苏伊士运河在巴拿马的开凿工作，采取了与原来一样的开凿方式。尽管他有愚公移山的信念，但是当山太高的时候，这就行不通了。高山岿然不动，随之而来的灾难使得英雄身上耀眼的光环黯然失色。他的一生充分说明了威望是如何产生的，也说明了威望是如何消失的。在与最伟大的历史人物齐名之后，他又被本国的执政官贬为最卑劣的罪犯。他去世时无人问津，只有一些外国政府对他表示出敬意，以示怀念。[①]

但是上述例子算得上一个极端的例子。要想细致地了解威望现象中的心理学，就需要研究其全貌，从宗教和帝国建立到向邻居炫耀一身新行头和新装饰。

---

① 维也纳的一家报纸，《新自由报》(*Neue freie presse*) 就雷赛布的一生发表了文章，文章还从心理学入手进行了合理明智的思考。基于这一点，我将做如下引用："在斐迪南·德·雷赛布获罪以后，我们无权再对克里斯托弗·哥伦布的悲惨下场表示震惊。如果雷赛布是一个骗子的话，那么任何高尚的幻想就都算得上是犯罪。古人会在纪念他时将荣耀的光环围绕着雷赛布，会在奥林匹斯山上随他畅饮佳酿，因为他改变了世界的面貌，并使天地万物更加完美。在对他进行定罪时，上诉法院的院长名垂千古，因为人们总是需要这样一些人，他们使曾经辉煌一生的老者穿上囚衣，不惜付出使时代倒退的代价。当官僚主义对大胆创新深恶痛绝，从此便不再有不可动摇的公正可言。民族需要一批大胆的智士，他们充满自信，排除万难，将个人安危置之度外。他们不需要审慎，审慎只会阻碍他们扩大人类的活动领域……斐迪南·德·雷赛布既体会过胜利的欣喜，也体会过失望的痛苦：苏伊士运河和巴拿马运河。此时他的内心与成功的道德在抗争。当他成功地将两个大洋贯通时，国王和全国人民都向他致以崇高的敬意；今天当他面对科迪雷拉斯的巨石无能为力时，他就只是一个遭人唾弃的骗子……其中反映出了各个社会阶级之间的斗争，职员和雇员的不满，他们通过刑法对那些试图高人一等的人进行报复……现代立法者在面对这些人类精英的伟大想法时面露难色，公众对这些想法也不甚理解。对于一个普通律师来说，他轻易就能证明斯坦利是一个杀人犯而雷赛布是一个骗子。

在这一系列事例的两端，威望以各种形式在文明的各类要素里呈现：科学、艺术、文学等。我们意识到威望是说服人们的基本要素。享有威望的人、观念或东西会在传染的影响下被立即模仿，并为每一代人提供感受的方式和解读思想的方式。此外，模仿常常是无意识的，正是这种无意识使模仿变得彻底。一些现代画家会模仿原始人作画时暗淡的色调和刻板的线条，但是从来不思考这种作画方式的灵感来源。他们相信自己的真诚，如果不是某一位杰出的大师唤醒了这一艺术方式，那么人们看到的仍将是质朴次要的那些方面。一些画家以某位著名的革新者为榜样，在画布上画满了紫色的暗影。在五十年里，他们在自然界中并没有看到这么多紫色，他们之所以这么画，是因为受到了那位画家个人感受的影响，以及那幅享誉盛名的画作的影响。在文明的任何因素中，我们都能不费吹灰之力地举出类似的例子。

我们由此可知，诸多因素都会促成威望的产生，但是成功永远是最重要的因素之一。对于取得胜利的人来说，深入人心的观念仅仅因为他们的成功就不会受到任何质疑。

威望会随着失败消失。赢得人们欢呼的英雄一旦失利，第二天人们就会向他喝倒彩。威望越大，引起的反应便越大。人们会将失利的英雄视为与自己平等的人，并会因为自己曾对其低眉顺眼而伺机报复。罗伯斯庇尔因将很多自己的同僚和同时代的人送上断头台而获得很高的威望。失去权力之后，他的这些威望不复存在，人们在将他送上断头台时不停地咒骂，和当年送他的牺牲品去断头台时一样。人们推翻曾经笃信的神灵的雕像时总是怒气冲冲。

失败可以使得威望顷刻间丧失。议论也具备同样的能力，但这是一个耗时较长的过程，其效果毋庸置疑。当威望遭到议论时便不再具有威望。知道如何长时间保持其威望的神与人都不会允许议论的出现。要想受到群氓的尊敬，就必须与他们保持距离。

/ 第八章　群氓信仰和群氓观念的变化范围/

1. 一成不变的信仰——一些普遍信仰的不变性——这

些信仰是文明的向导——很难将其根除——偏执被群氓视

为美德——普遍信仰在哲学层面上的荒谬不妨碍其传播

2. 群氓观念的多变——并非源于普遍信仰的观念极度

多变——近一个世纪出现的各种观念和信仰——这一多样

化的实际界限——多样化所具备的要素——普遍信仰的消

失和报业的广泛扩散使如今的观念越来越变幻不定——群

氓对大多数问题都表现出漠不关心——政府无法像从前那

样引导观念——观念的消亡阻止了专横统治

1. 一成不变的信仰

生物的解剖学特点和它的心理学特点非常相似。在解剖学特征中，我们会发现一些不会改变或改变甚微的要素，它们的改变需要很多年。除了这些一成不变的牢固特征以外，还存在一些很容易就会发生改变的特征，如所处环境、饲养方式和种植方式。对于那些观察不仔细的人来说，他们常常会忽视这些基本特征。

道德方面的特征中也有类似的现象。除了种族顽强的心理因素外，还有一些灵活可变的因素。这也正是我们在研究一个民族的信仰和观念时，为何常常能看到一些观念像岩石上的流沙一般渗入稳固的观念之中。

群氓的信仰和观念因而可以分成完全不同的两类。一类是那些经久不衰的伟大信仰。它们流传了数世纪，整个文明都建立在这一基础之上，如过去的封建观念、基督思想和宗教改革思想，又如我们今天的国家准则、民主观念和社会主义观念。另一类则是那些存在时间不长且易变的观念。这些观念派生出每个时代昙花一现的构想，如在某些年代领导艺术和文学的学说，又如产生浪漫主义和自然主义的理论。它们同风尚一样都是些表层现象，如同深潭表面的阵阵涟漪，时而兴起，时而退去。

具有普遍性的伟大信仰十分有限。它们的产生和消失与每个种族历史上的重大事件息息相关。它们才是文明的真正构架。

一时兴起的观念很容易在群氓中扎根，信仰却很难长期扎根于群氓之中，但一旦根植，我们就很难将其摧毁。只有等到信仰对人的影响几乎全部丧失的时候，我们才能通过付出暴力革命的代价对其进行革新。革命的目的在于完全摆脱几近被人们抛弃的信仰，因为习俗的桎梏仍旧阻碍着对这一信仰的抛弃。革命的开始就是信仰走上末路的开始。

信仰的价值开始遭到议论的那一天正是它走向消亡的第一天。任何具有普遍性的信仰都不过是一种虚幻的存在，经不起仔细推敲。

但是哪怕一种信仰受到了严重的动摇，由该信仰建立起来的制度仍保有其力量，这些力量消失的速度非常缓慢。当它的权力消失殆尽时，由它支撑的一切也将随之消失。没有一个民族能在改变其信仰的同时不改变构成其文明的各种因素。

人们将会一直对其进行改变，直至适应具有普遍性的新信仰。在此之前，社会必然一直处于混沌之中。具有普遍性的信仰是文明的必要支撑，它们决定了观念的方向，只有它们能激发信念与责任的产生。

各民族在获得具有普遍性的信仰时总会感到获益匪浅，并发自本能地意识到信仰的消失意味着衰败的开始。受到狂热崇拜的罗马文明使罗马人成为世界的主宰，当这一信仰不复存在时，罗马也随即衰落。那些野蛮人正是因为获得了共同的信仰，达到了某种程度的团结一致，脱离了混沌的状态，才能摧毁罗马的文明。

因而，各民族偏执地捍卫其信念并非毫无原因。从哲学层面看，这一偏执理应被批判，但它代表了国家生活中的美德。正是为了建立并维持这些具有普遍性的信仰，在中世纪才会有那么多埋头苦干的人，否则，那么多发明者和革新者即便免受刑罚之苦，也会在绝望中死去。为了与之抗争，世界经历了无数次翻天覆地的变化，上百万人已经战死沙场或即将战死沙场。

我们已经说过，建立具有普遍性的信仰要面对诸多困难，但一旦树立了这一信仰，它的力量在长时间内都不会受到动摇。无论它在哲学层面上是多么的虚假，它仍旧被拥有非凡智慧的人们所接受。一千五百年以来，欧洲各民族都认为，哪怕是像莫洛克神那样野蛮的①宗教传说都是毋庸争辩的。神因为其所创之物不服从他而报复在自己的儿子身上，对他施以酷刑，数世纪以来，没有人意识到这一故事是多么荒谬。哪怕是那些最杰出的人，如伽利略、牛顿、莱布尼兹等，也一刻都不曾质疑诸如此类的神话。没有比这个更好的例子可以说明具有普遍性的信仰对人产生的催眠作用和让我们颜面扫地的智力局限性。

新的信条一旦植根于群氓的灵魂深处，便会成为他们制定的制度、产生的艺术和表现的行为的灵感来源。这一信条会对人们实施绝对的统治。实干家幻想将其实现，立法者试图将其援用，哲学家、艺术家和文学家则尝试用不同的方式将其呈现。

从基本的信仰中，我们会得到一些暂时的次要观念。当然，这些观念身上始终会有产生它们的信条的印记。埃及文明、中世纪的欧洲文明、阿拉伯世界的伊斯兰文明都是由宗教信仰派生而来，这些文明最微小处都有这些信仰的印记，人们一眼就可以辨认出来。

———————————

① 我所说的野蛮只是哲学层面上的野蛮。事实上，它建立了一种全新的文明，在很长时间里使人们见识到他们无法进一步了解的充满梦想与希望的天堂。

幸亏有这些普遍信仰的存在，它们使不同年代的人有着相同的传统、观念和习俗，它们是无法挣脱的枷锁，使人们变得相似。哪怕是思想最独立的人都无法逃脱这些。只有那些在不自觉中对人们施加了影响的暴政才是真正的暴政，因为只有这种暴政才是人们无法与之对抗的。提比略、成吉思汗、拿破仑的专制的确令人生畏，但是棺椁中的摩西、释迦牟尼、耶稣、穆罕默德和路德对人们的统治更为深远。我们可以推翻一种暴君的统治，但是我们也可以推翻一种深入人心的信仰吗？在与天主教的激烈斗争中，尽管得到了人们的支持，尽管采取了与宗教裁判所一般严酷的手段，最终大革命还是以失败告终。只有死去的人的幻影或者人类自己产生的幻想才是真正的暴君。

我再次重申，一些普遍信仰在哲学层面上的荒谬从来都不是它们成功之路上的障碍。如果没有了这些荒谬，它们反而无法成功。今日的社会主义信仰的缺陷虽然很明显，但它仍旧根植于群氓的灵魂。与其他宗教信仰相比，社会主义信仰相形见绌：其他宗教信仰所宣称的幸福理想只有在来世才能实现，因而没有人能见证这一结果；社会主义所宣称的理想幸福则立足于现世，一旦有人试图去实现它，其虚浮就会显露无遗，这一信仰便会在顷刻间失去威望。只有实现之日，其力量才会扩大。正因如此，新的宗教与存在于它之前的那些宗教一样，以破坏性的方式开始，但这一新的宗教不再具有建构作用。

2. 群氓观念的多变

我们在上文中已经指出了一成不变的信仰的威力，以此为土壤还会孕育出新的观点、主张和思想。它们在此生生灭灭，循环往复。它们中的一些昙花一现，其中最重要的也不过存在了一代人的时间。我们已经指出这些观念中的变化有时只是表面上的，并非实质上的，并且总是保留着种族的痕迹。不妨以法国的政治制度为例。我们可以列举出表面上完全对立的政党：保皇派、激进派、帝国主义者、社会主义者等。他们有着完全一致的理想，这一理想只取决于我们种族的精神结构，因为在其他民族中，相同名号下的理想是与之完全相反的。无论是赋予观念的那些名字，还是那些具有欺骗性的更名，这些都不会改变事物的本质。大革命时期的资产阶级深受拉丁文学的影响，他们的目光聚焦于罗马共和国，采用了罗马帝国的法律、权力标志和法官长袍，他们之所以没有变成罗马人，是因为他们仍处于具有巨大历史影响力的帝国的统治之下。

哲学家的职责就是研究是什么在其变化的表象背后支

撑着古老的信仰，辨认出瞬息万变的观点中那些由普遍信仰和种族灵魂所决定的变化。

如果没有这一准则，我们便会认为群氓会经常性地随意更改其宗教和政治信仰。事实上，一切政治、宗教、艺术和文学的历史都证明了这一点。

我们不妨以1790年到1820年这短暂的三十年为例，正好这也是一代人的时间。在这三十年里，我们看到的群氓先是站在保皇派一边，随后倒向了革命派，后又倒向了帝国主义，最后又倒向了保皇派。在宗教问题上，在这三十年里，群氓从天主教倒向了无神论，然后又倒向了自然神论，最后又回到了极端的天主教。这些变化不仅仅存在于群氓之中，同样存在于领导者中。我们看到国民公会中的那些重要的议员曾是国王的死敌，他们既不相信上帝也不相信领导者，但是在拿破仑面前，他们却变成了谦逊的仆人，然后又虔诚地拿着蜡烛出现在路易十八的队伍中。

在随后的七十年里，群氓的观念仍在产生变化。"背信弃义的英国人"在世纪初成为法国的盟友，这一时期的法国由拿破仑的后世所统治；俄国曾与法国有过两次交战，曾幸灾乐祸地看着法国失利，突然间也被视为法国的朋友。

在文学、艺术、哲学方面，一系列观点迅速涌现。浪漫主义、自然主义、神秘主义等生生灭灭，循环往复。昨天还受人追捧的艺术家和作家，明天可能就会遭人唾弃。

但是在深入分析这些表面的变化时，我们将发现什么？凡是与普遍信仰和种族情感相对立的变化，其存在时间都是短暂的。偏离河道的河流很快就会回到正轨上。那些与任何普遍信仰或种族情感都无关的观念不具备稳定性，它们任凭偶然性的摆布。换句话说，它们会受到最细微的环境变化的影响。它们的形成借助于暗示和传染，它们的存在时间很短暂，形成和消失都在转瞬间，如同海边海风堆起的沙丘。

当今，变幻无常的群氓的观念比从前任何时候都多得多，其原因可以归为以下三点。

首先，旧时的信仰逐渐失去了权威，与原来不同，它们不再能决定那些具有暂时性的观念的发展方向。普遍信仰的衰退为那些既没有历史沉淀也没有发展前景的观念提供了空间。

其次，群氓的力量不断增强，能与之相平衡的力量越来越少，其观念的极度多变性得到肆意呈现。

最后，近期发行的报刊不停地将完全对立的观点呈现在人们眼前。每一种观念所产生的暗示很快就会被其相反观念所产生的暗示破坏。因而没有一种观念能广泛传播，它们存在的时间都很短暂。在通过足够广泛的传播成为具有普遍性的观念之前，它们就已经销声匿迹了。

基于这些原因，世界历史上出现了一种新现象，这也是我们这个时代所特有的，即政府在舆论领导中所表现出来的软弱无力。

就在不久之前，政府的举措、几位作家的渲染以及少数几家报纸的影响就能控制调节全部舆论。如今，作家已不具备任何影响力，报纸也只是机械地反映各类观念，而那些政客，他们不但没有领导舆论，反而被舆论领导。他们对舆论的畏惧有时甚至会变成恐惧，他们的举措因而失去了稳定性。

因此，群氓的观念正试图逐渐变成政治的最高指挥官。它们如今还能促使国家与国家结盟，法俄结盟便是民意所致。

我们现今还能看到一种奇特的现象：教皇、皇帝和国王都屈从于采访这一机制，他们围绕一个既定的主题阐述自己的观点，任由群氓评论。我们从前或许还可以说对待政治不能感情用事，如今，当目睹了政治受到群氓变幻莫测的冲动的引领，受到感性并非理性的操控之后，我们还能这样说吗？

至于报刊，它也曾经领导过舆论，现今和政府一样，面对群氓的权力退避三舍。诚然，它的威力仍不容小觑，但这只是因为它充分折射了民意并展现了其不断产生的变化。它只能管理信息，却无法给人们灌输任何观念或学说。同行间的竞争使其不得不密切关注民众思想的变化，否则就会失去读者。那些曾经庄严且具有影响力的报社被上一代人视为权威，而现在已经不复存在，或是变成了夹杂着坊间趣闻、市井流言和金融广告的消息单。如今，没有哪家报纸富裕到允许编辑随意发表自己的个人观点。对于只需要获得信息或趣闻的读者来说，这些观点没有任何影响力。对于他们来说，每一项建议之后都潜藏着投机者。评论家也失去了向公众推荐一本书或一部剧的权力，他们只能诋毁，不能颂扬。报业深谙个人观念的无用，大多数报纸都取消了文学评论一栏，只会将书名一笔带过，再附上两三行吹捧的话。二十年之内，戏剧评论恐怕会遭遇相同的处境。

对各类观念的密切关注如今已经成为媒体和政府关心的重中之重。他们所关心的是某一个事件、某一项法案、某一次演讲产生了怎样的效果；这绝非易事，因为没有任何事情比群氓的想法更易变、更多变。群氓昨天还为之欢呼雀跃，今天可能就会对其大肆谴责。

观念完全失去了引导，与此同时，普通信仰丧失殆尽，两者导致的最终下场就是一切信念的破碎，以及群氓同个体一样，对那些不立即涉及其眼前利益的事情越来越不关心。那些关于学说的问题，如有关社会主义的问题，只有在没什么文化的人中才能找到真正的捍卫者：在矿工或者工厂工人中。小资产阶级以及受过一些粗略教育的工人，则会具有怀疑态度。

在过去的三十年里，这一发展令人印象深刻。在此之前的那一时期，也就是不久之前，观念仍然具有一致的方向。这些观念源自对一些根本信仰的采用。人们会仅凭某人是君主主义者这一事实，就断定他在历史和科学方面均有建树，而如果他是一个共和主义者，这些观点就会截然相反。君主主义者确切地认识到人类不是从猴子进化来的，共和主义者对此却深信不疑。君主主义者在谈论法国大革命时应一脸憎恶，共和主义者在谈及这一事件时则应面露崇敬。人们会用虔诚的语调提及一些名字，如罗伯斯庇尔和马拉，而另外一些名字被提及时，如恺撒、奥古斯都和拿破仑，则必定伴随着斥骂之声。哪怕是在索邦大学，他们在理解历史的情况下依然会采用这种幼稚的方式。

如今在议论与分析面前，任何观念都失去了威望。它们的光芒迅速暗淡下来，它们所产生的观点也难以唤起我们的热情。漠不关心在现代人身上显现得愈加明显。

不用太为观念的消亡感到惋惜。这是一个民族衰亡的征兆，对此我们无须争辩。那些先知、使徒、领袖，总之就是那些令人信服的人，他们无疑要比惯于否认的人、喜欢批评的人和冷漠无情的人有更多的能量，但是我们不能忘记凭借群氓现有的力量，如果一个观念赢得了足够多的威望并深入人心，它的威力将瞬间变得难以抵挡，一切都将臣服于它。自由讨论的时代将一去不复返。群氓中有时会出现一些爱好和平的主宰者，就像埃拉伽巴路斯和提比略时期一样；但群氓有时又会狂暴无常。文明一旦落入群氓手中，其存在时间就不会太长。如果覆灭的时间稍有延后，那必定是因为变幻不定的观念和群氓对普遍信仰与日俱增的视若无睹。

第 三 卷

不同范畴的群氓分类
及其描述

/ 第九章　群氓的分类 /

1. 异质性群氓——如何区分异质性群氓——种族的影响——群氓的灵魂比种族的灵魂孱弱——种族灵魂代表了文明的状态，群氓灵魂代表了野蛮的状态

2. 同质性群氓——同质性群氓的分类——宗派、身份、阶级

我们在前文已经指出了群氓的一般特征。除了这些一般特征以外，不同范畴的集体的特点有待我们进一步研究。

我们首先粗略地讨论一下群氓的分类。

我们的出发点就是简单的人群。组成该人群的个体越是来自不同的种族，其表现形式就越低级。唯一的共同纽带就是对领袖或多或少的崇敬之情。那些有着不同血统的野蛮人在几百年间不断入侵罗马帝国，我们不妨将他们视为这一类人群的典范。

一些人在某些因素的影响下获得了群氓的共同特征，并由此形成了一个种族，这些人要比那些如一盘散沙的人更胜一筹。他们有时会体现出群氓的特质，但是总是会受到种族特质的牵制。

我们观察到每个民族中的群氓可分为以下几类：

A. 异质性群氓

　　a. 无名称的群氓（如街头的群氓）

　　b. 有名称的群氓（如陪审团、议会等）

B. 同质性群氓

    a. 宗派（如政治宗派、宗教宗派等）

    b. 身份（如军人身份、教士身份、工人身份等）

    c. 阶级（如资产阶级、农民阶级等）

我们将简短地概括一下不同范畴的群氓的不同特征。[1]

1. 异质性群氓

我们先前研究的集体特征均为异质性群氓的特征。该集体是由不同职业和不同智力水平的人组成的。

我们在前文中已经证明，组成群氓的个体心理与其孤立存在时的心理是完全不同的，其智力水平也与这一差别息息相关。我们已经了解到，在集体中心理不起任何作用，起作用的只有那些无意识的情感。

种族这一基本因素将诸多异质性群氓清晰地划分开来。

我们曾多次谈及种族的作用，并且指出它是决定人们行为的最有力的因素。其影响力还体现在群氓的特质中。

---

[1]　我在《政治心理学》《观念和信仰》和《法国大革命与革命心理学》中详细论述了不同范畴的群氓特质。

一个集体中的个体如果全部都是英国人或中国人，它将与由俄国人、法国人、西班牙人等不同种族的人组成的另一群体截然不同。

　　尽管罕见，来自不同国家且人数相近的个体一旦聚成群氓，无论是何种表面上的利益将他们聚在一起，世代相传的心理结构会使他们的感知方式和思维方式表现出巨大的差异。社会主义者在大型集会中试图联合各国工人代表的企图总是以激烈的争执告终。一个由拉丁人组成的群氓，无论他们具有革命性还是保守性，为了实现他们自己的诉求，总是求助于国家的参与。这一群氓具有中央集权的特点，并且或多或少体现出专制独裁。与此相反，英国人或美国人组成的群氓就更注重个人积极性，而不太在意国家。法国人组成的群氓将平等视为重中之重，英国人组成的群氓则更看重自由。这些种族间的差异使得群氓的数量与国家的数量几乎一致。

　　因此，种族的灵魂完全支配着群氓的灵魂。它是限制群氓灵魂波动的坚实基础。"种族灵魂的强大使得群氓的特点无法得到突出"，这是一条基本定律。群氓的状态和对群氓进行统治的状态是粗野的，或者说是向粗野靠拢的。种族通过获得稳定的灵魂来摆脱轻率的群氓力量和这一粗野的状态。

除了通过种族对群氓进行分类以外，对异质性的群氓进行分类的最重要的方式就是将它分成无名称的群氓（如街头的群氓），以及有名称的群氓（如审议会和陪审团）。前者毫无责任感，后者则具有很强的责任感，这使得他们的行为在指向上存在很大的差异。

2. 同质性群氓

同质性群氓的组织形式包括宗派、身份和阶级。

宗派是同质性群氓的第一种组织形式。同一宗派个体间的受教育程度、职业和社会身份可能完全不同，把他们联系在一起的唯一纽带就是信仰，如宗教宗派和政治宗派。

身份则是同质性群氓中较高一级的组织形式，这一类群氓更容易聚集在一起。组成宗派的个体的职业、受教育程度和社会身份常常大不相同，他们仅仅依靠相同的信仰凝聚在一起，但同一身份的人职业一致，因而他们的受教育程度和社会身份也很接近，如军人身份和教士身份。

阶级是由不同出身的人所组成的，他们既不和某一宗派的人一样有着共同的信仰，也不和某一身份的人一样有着共同的职业，他们是通过某种一致的利益、某些相同的生活习惯和相似的教育背景聚集在一起的，如资产阶级、农民阶级等。

我们在此书中只讨论异质性群氓。我会在下文列举异质性群氓诸多类别中的几类作为范例。

/第十章　被称作犯罪群氓的群氓/

被称作犯罪群氓的群氓——群氓在法律上或许构成了犯罪，但在心理上并非如此——群氓的行为是完全无意识的——诸多实例——九月大屠杀参与者的心理——他们的推理方式、同情心、残忍和道德意识群氓在经历了一段时间的刺激之后，会陷入一种由暗示领导的简单机械的无意识状态，因而很难将他们视为任何一种形式的犯罪群氓。我之所以沿用这一错误的说法，是因为一些心理学研究最近证实了这一论断。就群氓的一些行为本身而言，那的确是犯罪，如同老虎为了使小老虎得到消遣而让它们将一个印度人撕碎，然后将其吞食。

群氓之所以会犯罪，通常都是因为受到了强烈的暗示，参与其中的个体事后都认为这是他们应该承担的一份责任。这与普通的犯罪完全不同。

我们以巴士底狱狱长洛内被杀一事为例。在防御被攻破之后，洛内被激动的人群团团围住，人们对他四面围攻并且拳打脚踢。有人建议将他绞死，有人建议将他送上断头台，还有人建议将他拴在马尾巴上。在反抗过程中，他无意间踢中了一名在场者。有人建议让那个被踢中的人砍下洛内的头，这一提议立即得到了人们的一致同意。

这个厨师就是一个在街上闲逛的无名小卒，他去巴士底狱就是为了看热闹，看看那儿到底发生了什么。考虑到这既然是众人一致的建议，又是爱国行为，他甚至以为自己会因为杀掉这个恶棍而拿到一枚勋章。人们将准备好的刀递给他，他朝洛内裸露的脖子砍了下去。但是这把刀太钝了，不好用，他随即掏出了自己随身携带的黑柄小刀（因为他是厨子，知道如何切肉），将洛内的脖子切了下来。

我们能清楚地看到上例中所涉及的犯罪机制。罪犯只是受到了强烈的集体暗示，杀人者深信自己的行为是值得称赞的，并深信自己的行为得到了同胞的一致赞同。其行为从法律上说或许是犯罪行为，但是从心理上看，并构不成犯罪。

犯罪群氓所具备的一般特征与我们上文所列举的群氓的一般特征完全一致：易受暗示、轻信、易变、夸大极端的情感、表现出道德的某些形式等。

我们发现，法国历史上最险恶的群氓之一，即九月大屠杀的参与者们，具备以上所有特征。此外，他们与圣巴泰勒米大屠杀的参与者非常相像。泰纳根据当时的回忆录对此事进行了翔实的记录，我将引用其中一些细节。

我们不知道到底是谁下令或提议杀光所有的囚犯，以便把牢房腾空的，很有可能是丹东或其他人。这些都无关紧要，我们唯一感兴趣的是群氓受到了强烈的暗示才展开屠杀这一事实。

　　大约有三百人参与了这次屠杀，他们是典型的异质性群氓。除了极少数彻头彻尾的流氓以外，余下的多为各行各业的店主和手艺人：鞋匠、锁匠、理发匠、泥瓦匠、小职员、代理商等。在受到的暗示的影响下，他们像前文提到的厨子一样，认为自己的所作所为是爱国行为。他们扮演了两种角色——审判者和刽子手，但从未被当作罪犯。

　　他们由衷地认为自己所扮演的角色非常重要，因而着手建立起某种类似于法庭的审判场所，随即他们表现出的是群氓过于简单化的思维和正义感。鉴于待审判者人数众多，他们先将贵族、教士、官员和王宫仆役通通处死。也就是说，那些爱国人士仅因为这些人的职业就将其定罪，并没有根据个案逐一审判。他们仅依据对方的外表及名声就对他们进行了审判。群氓的这一原始认知让他们心满意足，他们名正言顺地展开屠杀，肆意宣泄残忍的本性。我在别处已经讨论过这一本性的来源，集体会将其发展到一个新的高度。但是这种残忍并不能阻止与其相反的情感的表露，怜悯与残忍的表达方式同样极端，群氓向来如此。

"他们不久以后就对巴黎的工人表现出明显的同情和怜悯之心。在圣日耳曼代普雷修道院监狱里，他们中的某一个人发现看守二十四小时都没有给犯人喝水，恨不得将这个粗心大意的看守处死。要不是看在犯人为看守求情的份上，他们肯定会将这个看守处死。当临时法庭宣告某囚犯无罪时，无论看守还是刽子手，所有人都会激动地与他拥抱，拼命地鼓掌"，但随即就会转身处死其他人。在大屠杀的过程中，人们始终洋溢着愉悦的情绪。他们围着尸体载歌载舞，还专门准备了"女士专座"的长凳以便她们观摩处死贵族的过程。他们心中自始至终都有一种独特的正义感。一个圣日耳曼代普雷修道院监狱的刽子手曾经抱怨女士们被安排得太远，看不清行刑的过程，只有少数人能享受到其中的乐趣。为了使人们更好地享受这一过程，他们决定让受害者从两列刽子手中间缓慢通过，刽子手只能用刀背砍他以延长受刑时间。在福尔斯监狱里，受害者被剥得精光，被慢慢撕切半小时；当所有人都看够了以后，他们再将其开膛破肚。

刽子手非常小心谨慎，他们身上也体现出我们在前文中提到的群氓灵魂深处的道德意识。他们将受害者的财物和首饰全部放在委员会的文案上。

通过他们的这一系列行为，我们始终能看到群氓所特有的那种原始的推理方式。在处死了 1200 个到 1500 个民族敌人后，有人发现其他监狱仍关押着一些老乞丐、流浪汉和年轻犯人。与其白白养着他们，还不如将他们全部处死，这一提议立即为人们所采纳。当然，这些人中不乏人民的敌人，比如一个叫德拉卢的寡妇，她丈夫曾投毒杀人："她一定痛恨待在监狱里。如果有机会，她一定会在巴黎纵火。她可能这样说过。她肯定这样说过。我们不如杀了她吧。"这一论证看似很有说服力，人们被通通处死，其中还包括五十来个十二岁到十七岁的孩子。他们也成了国家的敌人，因而全部被处以死刑。

这一工作持续了一周。一周后，工作全部完成，刽子手打算休息一下。他们由衷地认为自己是在为国效力，并要求政府对其进行嘉奖；最热忱的那些人甚至向政府讨要奖章。

1871 年巴黎公社事件中亦不乏类似的事件。群氓的影响力不断扩大，政府权力在其面前步步退让，此类事件仍在不断地发生。

/ 第十一章　刑事法庭的陪审团/

刑事法庭的陪审团——陪审团的一般特征——统计数据显示，陪审团所做的决定与他们的人员构成无关——如何左右陪审团——推理的影响甚微——著名律师的说服方法——罪行的本质使陪审团或宽容或严厉——陪审制度的效用以及司法官员取而代之的危害我在此无法研究所有类型的陪审团，我在下文中只研究了最重要的陪审团形式，即刑事法庭的陪审团。他们是有名称的异质性群氓的典范。我们在陪审团中看到了他们容易受到暗示的影响、容易受到无意识情感的支配、缺乏推理能力、服从于领袖的统治等诸多特点。在对他们进行研究的过程中，我们还有机会看到一些关于错误的有趣范例，这些错误是由那些对集体心理一无所知的人犯下的。

　　首先，群氓所做的决定与组成这一群氓的个体的智力水平关系甚微，陪审团恰恰证明了这一点。我们已经知道，在评审会议需要就某个非技术性的问题发表观点时，智力不起任何作用。就一般性问题，博学者和艺术家组成的群氓所做的判断与泥瓦匠组成的群氓所做的结论并无不同。早些年前，政府对陪审团人选的敲定十分审慎，陪审团成员都是从精英阶层中选出来的：教授、公务员、文人等。如今的陪审团多由小商小贩和小职员组成。不过，令专家们惊奇的是，无论陪审团的构成如何，他们所做的决定却是一致的，甚至连反对陪审制度的法官都不得不承认这一事实。刑事法庭原庭长贝拉·德·格拉热在其回忆录中写道：

> 如今选择陪审员的权力实际上掌握在市议会议员的手中，他们会出于对自身政治因素和选举因素的考虑，随意将人们拉进陪审团或将他们剔除……被选中的陪审团成员多为商人，但选择他们并没有如过去那般重要。还有一些陪审团成员是就职于某些政府部门的职员……他们的观念和职业各不相同，他们中的很多人都有新手的热情。怀揣最美好的愿望的人们的处境却是最低微的，陪审团的精神不曾改变：他们的判决始终保持一致。

我们只需记住上述论断中的这一准确结论，并忽略那些无足轻重的解释。我们也不必为这些无力的解释感到诧异，因为无论是律师还是法官，他们都对群氓心理一无所知。在格拉热的报告中，我发现了一项证据，刑事法庭最出名的律师之一——拉肖，常常利用其职权之便将陪审团中的明理人剔除出去。然而，经验告诉我们，这一行为毫无用处。现如今，至少巴黎范围内的公诉人和律师都彻底放弃了这一权利。正如格拉热先生注意到的那样，裁决没有任何改变，"既没有变得更好，也没有变得更差"。

和所有的群氓一样，陪审团很容易受到情感的影响，却很难受到推理论证的影响。一位律师写道："他们无法抵抗母亲在给自己的孩子或给其他孤儿喂奶的场景。"格拉热先生也指出："长相讨喜的女人总是能获得陪审团的喜爱。"

在对待那些看上去会损害他们的罪行，即那些对社会有害的罪行时，陪审团会毫不留情；但是在处理那些激情犯罪的案件时，陪审团却表现得极其宽容。他们对那些杀害婴儿的未成年母亲或那些向抛弃她们的诱奸者泼硫酸的女孩要宽容得多。他们本能地认为这些罪行对社会的危害不大。如果一个国家的法律无法保护被抛弃的女孩，那么这一复仇的案例不仅无害，反而是有益的，还可以提早震慑住那些潜在的诱奸者。①

---

① 陪审团出于本能地在裁决时将对社会有害的罪行和其他罪行进行划分，这并非缺乏公允。刑法的目的显然是保护社会免受犯罪危害，并不是进行报复。然而，我们的规章中仍然存在原始法律的报复精神，这一精神尤其体现在法官的身上。"处罚"（vindicte）一词[源于拉丁语中的"报复"（vindicta）一词]沿用至今并运用广泛。很多行政官员都反对仁慈的贝朗瑞法案，这一法案允许罪犯只在其再犯时才需服刑，这恰好证明了这一倾向。没有一个行政官会否认在罪犯第一次犯罪时就对其进行惩罚必然会使其再次犯罪，因为统计数据已经证明了这一点。当法官释放罪犯时，他会觉得没有为社会伸张正义。与其说他们是在为社会除害，不如说他们创造了危险的惯犯。

陪审团和所有群氓一样都对威望非常着迷。德·格拉热公正地指出陪审团虽然在构成上看似民主，但是他们在情感上却偏向贵族："头衔、出生、万贯家财、声誉、知名律师的协助，这些使被告区分于常人并为他增光添彩的因素给被告带来极大的帮助。"

一名出色的律师要想对陪审团成员的情感施加影响，和对待所有群氓一样，推理并不起作用，他只能采用低级的推理方式。一名英国律师是刑事法庭的常胜将军，他对这一手段做出了如下概述：

> 他仔细观察着争吵中的陪审团。这是最有利的时刻。根据敏锐的观察和经验，律师能够读懂陪审团成员对每句话每个词的面部表情，从而得出结论。首先需要确认哪些陪审员在开庭前就已经站在他这边。辩护人会稍稍施计加以确认，然后便将注意力转向站在对立面的那些陪审员，并尽力推测出他们为何站在被告的对立面。这是最微妙的工作，因为除了正义感之外，还会有无数原因促使他们将一个人定罪。

这段话恰当地总结了演讲的艺术，也揭示出提前准备演讲是毫无意义的，因为我们需要根据听众的反应不断调整措辞。

辩护人并不需要使陪审团里的所有成员都信服，只需要使那些能定夺普遍观点的领头者信服即可。因为在群氓中，总是一部分人左右着其他人的观点。刚才提到的那位律师说："在做出最终判决的时候，只需要一两个有感染力的人就可以影响整个陪审团，这是我的经验之谈。"我们只需对这两三个人巧妙地施加暗示。我们首先应该取悦他们。一旦获得了他们的好感，他们都会接受并相信在他们面前呈现的任何证据。我在一篇关于拉肖的文章中发现了以下趣闻：

> 当向陪审团陈述辩护词时，拉肖的目光始终聚焦在两三个他认为有影响力但是不容易被说服的人身上。通常情况下，他最终都能说服这些顽固的陪审员。但是有一次在外省，他苦口婆心地劝说了四十五分钟，有一个陪审员仍不为所动：第二排第一个，七号陪审员。这真令人沮丧！拉肖在慷慨激昂的陈述过程中突然停了下来，对庭长说："庭长大人，您能请人拉一下对面的窗帘吗？七号陪审员都要给阳光刺瞎了。"七号陪审员脸涨得通红，朝拉肖微微一笑以示谢意。他最终站到了辩护方这边。

一些作家，包括一些最杰出的作家，都在近期对陪审团制度提出了强烈的反对，但是这一制度是在不受控制的法官频繁犯错时保护我们不受其害的唯一方法。[①] 他们倡导陪审团只在受过良好教育的人中间产生；但是我们已经证明，哪怕是这样的陪审团，他们做出的判决和现在的判决也将完全一致。其他一些人则以陪审团犯下的错误为依据要求撤销陪审团，并建议让法官取代前者的位置。但是，他们怎么能忘记陪审团犯下的错误都是法官曾经犯下的呢？被告之所以会出现在陪审团面前，是因为他已经被数司法官员定了罪：预审法官、检察官和检察院。由此可见，如果是法官而非陪审团进行最终判决，那么被告将丧失重获清白的唯一机会。陪审员犯下的错误常常是法官已经犯下的错误。因此，一些严重的司法错误应由后者来承担责任，如对某医生的指控就应如此。鼠目寸光的预审法官轻信了一个半痴半傻的女孩的控诉，她控告这位医生为了三十法郎给她强行堕胎。要不是因为引起了民愤，他肯定会被打

①　事实上，法官是唯一行动不受任何约束的行政官员。法国没有一次民主革命给法国人带来了如英国人一般引以为豪的《人身保护法》(*Habeas Corpus*)。我们的确驱逐了专制君主，但是每一个城邦都有一个可以随心所欲决定公民荣誉和自由的行政官。还有一些预审法官，刚从法学院毕业就拥有令人反感的权力。他们光凭个人的猜想就能将有显赫地位的人送进牢房。他们可以以预审为由将这些人关押半年甚至一年，然后再把他们放出来，没有任何赔偿和致歉。传票完全相当于旧时有国王印封的谕旨，但它们又有所不同。后者作为旧制度受到人们的谴责，只属于那些位高权重的人，今天这一权力则在公民阶层的任何人手中，而他们远非最开明和最独立的人。

入苦役犯监狱。民愤使国家元首立即对他进行特赦。这名医生在同行间口碑很好，这足以说明这是一个巨大的错误。司法官员也认识到了这一点，但是考虑到自己所处地位的颜面，他们极力阻挠特赦的签订。在类似的事件中，陪审团在对待那些他们完全不了解的技术细节时，自然会向检察院征求意见，因为他们认为对细枝末节处都很熟悉的司法官员已经预审了整个案件。那么，谁才是真正犯错的那个人呢？陪审员还是司法官？我们应该尽力保留陪审团。任何个体都无法取代陪审团。法律面前人人平等，原则上不会考虑也不会区分特殊情况，陪审团则削弱了法律的无情。法官冷漠无情，只认法律条文，这种职业带来的冷酷使得他对入室盗窃杀人者的判决和对因为诱奸者的抛弃和贫苦而杀死婴儿的不幸女孩的判决一样；陪审团则会本能地认为诱奸者的罪行要比受到诱奸的女孩的罪行更深重，但他逃脱了法律的制裁，所以对她应该宽容一些。

　　了解了社会不同阶层的心理和其他种类的群氓心理之后，如果一桩案件被错误地审判，我在任何情况下都宁愿去找陪审团，而不会去与司法官员打交道。因为通过前者，我很有可能重获清白，通过后者重获清白的机会则很渺茫。群氓的力量让人生畏，尤其是某些社会阶层中的群氓。有些群氓可以被说服，有些则永远不会让步。

/ 第十二章　选民群氓 /

选民群氓的一般特征——如何说服选民群氓——候选人应该具备的素质——威望的重要性——为何工人和农民几乎不会选择自己所处阶层里的候选人——词语和用语对选民的影响——选举讨论的常态——选民的观念是如何产生的——委员会的权力——委员会是令人生畏的专制形式——大革命时期的委员会——普选尽管在心理学方面毫无价值，但并不能被替代——哪怕限定了某一特定阶层的选民的权力，选举结果也无法改变——普选在其他国家的表现形式选民群氓，即由那些选出公职人员的异质性群氓组成的集体，其作用只限于一点：在数位候选人中进行选择。我们在他们身上能看到一些我们先前已经提到的群氓特征。在这些特征中，他们尤其表现出以下特征：推理能力较弱、缺乏批评精神、易怒、轻信他人和处理问题简单化。我们还发现，他们所做的决定会受到其领袖的影响，以及我们在前文中列举的断言、重复、威望和传染因素的影响。

下面，我们就来探讨一下说服选民群氓的方法。他们的心理将清楚地在最有效的方式中呈现。

候选人首先需要具备的素质就是威望。能够取代个人威望的只有个人财富。才干、天资并非成功要素。

候选人必须拥有威望，并拥有树立众口交誉的威望的能力，这是最为重要的。如果选民由工人和农民构成，他们几乎不会选择他们中的一员去代表他们，那是因为这一阶层中的人没有威望可言。他们只会因为一些无足轻重的原因选择同阶层的人，比如为了与某个位高权重的人或有权有势的老板作对。选民时刻都要依附于他们选出的这个同类，他们或许还抱有成为主宰者的一时幻想。

然而只有威望，还不足以使候选人获得成功。选民一心等着候选人迎合他们的贪婪虚荣。候选者会对他们极尽阿谀奉承之能事，毫不犹豫地许下天花乱坠的诺言。在工人面前，他们会尽力辱骂痛斥其雇主。对于竞争对手，他们则会通过断言、重复和传染将其描述成罪大恶极的无赖从而打败他们，宣称他们的罪行无人不晓。毫无疑问，收集表面证据是无用的。如果其对手对群氓心理不甚了解，并试图通过辩解为自己正名，而不是通过同样具有诽谤性的陈述去回应这些诽谤的话，他将失去一切获胜的机会。

候选人的文字性纲领不能过于立场鲜明，因为他的竞争对手日后可能会拿它来与之作对；但是口头性的纲领可以信口开河。他们可以毫无顾忌地谈论巨大的变革。此时此刻，这些夸张的允诺产生了诸多成效，未来却不会受到这些允诺的影响。事实上，选民从来不关心当选者是否兑现了当时的承诺，而这些承诺正是他们当初选择这个候选人的原因。

我们在此可以看到上文提到的所有劝导因素。我们将依据词语和用语产生的作用继续研究这些因素，我们已经展示了词语和用语的统治威力。善于掌控它们的演讲者往往能随心所欲地将群氓玩弄于股掌之间。他们常常会用到这些表达方式：不义之财、邪恶的剥削者、可敬的工人、财富的社会化等。尽管是老生常谈，它们仍能产生同样的效果。如果某个候选人采用了一种新的表达，哪怕缺少确切的含义，只要迎合了人们的种种愿望，也必然会取得成功。1873年在西班牙发生的那场血腥的革命就是由这种充满魅力的词语引起的。这些词内涵丰富，会因为不同人的期望产生不同的释义。当时的一位作家记录了这些词的产生过程：

> 激进党人发现共和国实际上是中央集权外表下的君主制，国会为了巴结他们，一致宣称其为联邦共和国。没有一个投票者能够说清自己将票投给了什么，但是这一说法使每个人都称心如意。这是一种狂热，一种沉醉。美德与幸福将普照大地。对于一个共和国主义者来说，如果其死敌拒绝承认"联邦共和国"这一称号的话，他会认为自己受到了致命的侮辱。人们在街上相互攀谈的时候，都会说上一句"联邦共和国万岁！"人们随后还会为同盟军的散漫和士兵的自治唱起赞歌。到底什么是"联邦共和国"？有些人认为这意味着各省的解放，

与美国的制度类似，或意味着行政分权；其他人则以消灭一切权力为目标，展开大规模的社会清算活动。巴塞罗那和安达卢西亚的社会主义者极力鼓吹公社的权力，他们主张将西班牙划分成一万个独立的自治市，建立各自的法律，与此同时取消部队和宪兵队。南方各省立即发动了起义，在城市和乡村间蔓延开来。某个公社在发表其宣言之后做的第一件事就是切断电报线路和铁道线路，切断与其周边地区和马德里的一切联系通道。此处并非罪恶之城，只是一个想另起炉灶的小镇。联邦制使地方分权有机可乘，烧杀抢掠，处处都沉浸在腥风血雨的狂欢之中。

如果想了解理性推理是否能对选民心理产生影响，那么永远不要去看选举会议的报道，否则将不能对此有深入的了解。我们在这些报道中只能看见断言和斥骂，有时甚至是殴打，从来不会看到理性。如果有片刻的沉默，肯定是因为有一个挑剔的出席者要向候选人发难，而在场的听众对此饶有兴趣。但是反对者得意不了多久，他们的声音很快就会被其对手的怒吼淹没。我从日报的上百篇类似报道中选出以下关于公众集会的报道作为典型案例：

组织者要求出席者推选出一名主席，这立即引起了骚乱。无政府主义者跳上主席台，强行夺取会议桌，社会主义者则极力反抗，人们厮打在一起，相互指责对方为暗探、无耻的混蛋……一个公民带着被打得青肿的眼睛离开了会场。

最终，会议在喧闹中勉强进行，与会者 X 发表演讲。

他即刻开始抨击社会主义者，台下的人则将他称作"白痴！强盗！无赖！"他被这些叫骂声打断……用社会主义者都是"白痴"和"闹剧演员"的理论来回应。

……昨晚，阿勒曼派在位于福伯格宫大街的商会大厅举行了五一劳动节的筹备会议，口号为"安然处之"。

与会者 G 将社会主义者称为"白痴"和"骗子"。

这些指责使得听众和发言者相互谩骂，甚至大打出手，椅子、长凳、桌子都被当成了武器……

不要以为这种争论只会发生在某些社会阶层的人组成的选民中。在任何无名称的群氓集合中，哪怕参与者全部都是文人，上文描述的那些争论仍然会出现。我已经指出群氓中个体的智力水平趋于一致，我们每时每刻都能找到证明这一点的证据。在此，我将以一次出席者全部都是学生的会议报道为例：

> 随着夜幕的降临，争吵愈加激烈。我相信没有人能完整地说完两句话而不被打断。每时每刻都有来自这儿或者那儿的叫喊声，或从四面八方同时响起；人们时而鼓掌，时而唏嘘；一些与会者之间还会产生激烈的争执；有些人挥舞着木棍以示威胁；有些人频频顿足；在被打断后，人们群情激奋，伴随着"把他轰出去！""让他继续说！"的叫喊。
>
> 某 C 姓的先生满嘴都是可恶、懦夫、恶魔、无耻、贪婪、报复之类的词，并扬言要将其摧毁……

我们不禁会问，在这种情况下，选民是如何形成一致观点的呢？类似问题的提出说明人们对集体自由程度的理解有失偏颇。群氓会不经思考地接受强加于他们的观念。这些观念和选民所投的选票都掌握在选举委员会手中。选举委员会的成员常常都是些酒商，在工人中很有影响力，因为常常施惠于他们。民主主义的坚定捍卫者之一，席勒先生写道："你们知道什么是选举委员会吗？简而言之，它是我们各项制度的关键所在，政治机器的重要组成部分。

如今的法国就是在委员会的统治之下。"①

候选人只要拥有足够的资金来源就能受到群氓的认可，对他们产生影响并非难事。捐赠人曾坦言，300万法郎就足以使布朗热将军在多次选举中当选。

这就是选民群氓的心理。它和其他群氓的心理完全一样，既不优于其他群氓的心理，也不劣于其他群氓的心理。

从以上论述中，我们并不能得出普选应遭到反对的结论。如果要我决定普选何去何从，我会因为现实原因把它保留下来。这与我们对群氓心理学展开的研究密不可分，我要在揭示其弊端之后进一步阐明。

普选的弊端显然并非鲜为人知。我们看到文明是由少数智力超群的人建立的，他们建成了金字塔的塔尖，越往字塔底部，其智力价值就越少，最终代表的是这个国家的底层。伟大的文明仅仅依靠人数众多但智力低下的选民是

① 无论委员会叫什么名字，俱乐部也好，公会也罢，它都具有不容小觑的群氓力量。事实上，他们代表的是非个人的专制形式，因而这种专制也是最粗暴的。委员会的领导者的言行代表着整个集体，因此他们自己不负任何责任，为所欲为。哪怕是最残暴的专制君主也不曾奢望能像革命委员会那样随意放逐和摈弃。巴拉斯说他们迫害了大批的国民公会成员，凌驾于国民公会之上。罗伯斯庇尔只要还能代表他们，就有绝对的统治权。等到这个残暴的独裁者因为自私自利而脱离他们，他的灭亡之路会就此开始。对群氓的统治就是对委员会的统治，对委员会的统治就是对其领袖的统治。没有比这更严苛的专政了。

无法诞生的。依靠群氓的选举恐怕常常也是危险的。我们已经为此遭受数次入侵；社会主义已经初见成效，心血来潮的人民主权论必定让我们付出前所未有的代价。

这些反对意见虽然在理论上能站得住脚，从实践的角度看却毫无用处，我们不能忘记那些转变成信条的观念所具有的不可战胜的力量。从哲学层面看，群氓的权力信条如同中世纪的宗教信条一样不堪一击，但是实际上它拥有绝对的权威。因此它与我们曾经的宗教观念一样无懈可击。试想一个现代的自由思想家获得了中世纪的神奇魔力，当他面对这些拥有至高无上的统治权的宗教观念时，难道还会试图与之抗争吗？一旦落入法官之手，指责他与魔鬼签订了协议或经常出入巫魔夜会而要将其送上火刑架，他还会否认魔鬼和撒旦的存在吗？群氓的信仰就如同飓风一般不容小觑。普选的信条如今具有曾经基督教所具有的力量。演说家和作家在谈论普选时表现出的恭敬和赞扬是路易十四都不曾体会过的。因此，我们在看待普选时要和看待其他宗教信条一样。只有时间能影响它的发展。

显而易见，试图动摇这一信条是行不通的。托克维尔说得很对："在一个平等的时代，人与人之间因为相似性而无法相互信任，但是这一相似性使得他们完全信任公众的判决。因为在他们看来，既然认知水平相近，那真理应该倒向人多势众的那一方。"

我们现在是不是应该认为，如果将选举局限在有才能的人中，那将改善群氓的投票结果？我无论何时都不会赞同这一观点，因为正如我在前文中所提到的那样，无论构成如何，集体的智力水平都会变低。我要再次强调，在群氓中，所有人都一样。四十个院士对一般问题进行投票，其投票结果并不比四十个搬水工高明。我不认为如果普选只在受过教育的人或文人中举行会受到更少的责难，帝国的建立就是这样一个例子。事实上，对于个体来说，无论他掌握希腊语还是掌握了数学，无论他是建筑师、兽医、医生还是律师，在情感问题中，他都不会更高明。大多数经济学家都受到过良好的教育，他们或是教授或是院士，但他们何曾对诸如贸易保护主义这类普遍性的问题达成过一致？面对充满未知的社会问题，受到神秘逻辑或情感逻辑的控制，所有人的无知程度都是一样的。

如果选民全部都是上知天文下知地理的人，其选举结果未必比如今的结果高明。他们深受自身情感以及他们所在党派的党派精神的影响。我们面临的困难不但不会减少，反而会面临更多来自我们所处阶级的专制。

无论是进行打压还是保持现状，无论是在共和制国家还是君主制国家，无论是在法国、比利时、希腊、葡萄牙还是西班牙，群氓的选举都如出一辙，并且常常传递出种族无意识的愿望和需求。每个国家当选者的平均水平都代表着这一种族精神的平均水平。每代人之间都基本保持一致。

我们再次回到了种族这一基本问题上。我们已经多次阐述了这一问题，由此我们认识到制度和政府在民众生活中扮演的角色微不足道。民众主要受到其所属种族的灵魂的影响。也就是说，这一灵魂包含那些世代相传的所有渣滓。种族以及日常生活中错综复杂的必要条件才是主宰我们命运的神秘力量。

/第十三章　议　会/

　　议会中的群氓表现出有名称的异质性群氓的大部分普遍特征——观念的简单化——易受暗示性及其局限——顽固的观念和易变的观念——犹豫不决为何占据主导——领袖所扮演的角色——他们是议会真正的主人，投票局限在少数人中——他们拥有绝对权力——演说这门艺术的要点——词语和形象——笃信笃行、天性愚钝常常是成为领袖的必要心理条件——没有威望的演讲者劳而无功——议会中的情感趋于极端——时而发生的无意识行为——国民公会的再现——使议员失去其群氓特征的情况——专家在技术性问题上的影响力——议会制度在所有国家的优势和危机——在适应现代性需求的同时造成了财政浪费和对一切自由的不断限制——结语议会中的群氓属于有名称的异质性群氓。尽管议会选举方式会因时代和民族的不同而不同，它们仍具有一些共性。这些特征在种族的影响下或被削弱或被强化，但是种族的影响不会妨碍这些特征的表现。哪怕是那些背道而驰的国家的议会，诸如希腊、意大利、葡萄牙、西班牙、法国和美国的议会，其争论和选举都表现出巨大的相似性，也给政府带来了相同的困难。

此外，议会制度还反映了一切受到现代文明熏陶的民族的理想。它体现了这一观点，尽管这一观点在心理学上是错误的，却仍受到普遍赞同——在既定问题上，多数人聚集在一起能做出比少数人更明智、更独立的决定。

我们在议会中可以看到一些群氓的普遍特征：思想简单、易怒、易受暗示、情感夸张、易受领袖影响。但是由于其特殊的构成形式，议会中的群氓还会具有另外一些不同的特征。我们下面就将一一指出这些特征。

思想简单是他们的一大特点。我们在所有的党派中，尤其是在拉丁民族党派中，会发现一种亘古不变的倾向：人们在解决最复杂的社会问题时会借助最简单的抽象原则和适用于一切情况的普遍法则。这些原则自然会根据不同的党派各有不同，但是，基于他们是群氓中的个体这一事实，他们总是试图夸大这些原则的价值，穷尽其所能。此外，议会代表的常是一些极端的观念。

大革命期间的雅各宾党人领导下的议会思想简单，堪称典型。党派的教条和逻辑被全盘接受，他们的脑中充满了含糊不清的笼统观念，只会贯彻死板的原则而不考虑实际情况，说他们经历了一场革命却没有亲眼看到这场革命，这再恰当不过了。他们本想借助一些信条把社会彻底改造一番，并将精练的文明领入一个社会演变的低级阶段。他们实现这一梦想的方式留有极其简单的印记。事实上，他们仅仅是粗暴地摧毁了阻挡他们的障碍。其他所有人，吉伦特派、山岳派也好，热月党人也罢，都受到了这一思想的驱使。

议会中的群氓很容易受到暗示的影响。一如以往，暗示都来自享有声望的领袖。但是，这种在议会中的易受暗示性又有明显的局限，值得引起我们注意。

在关于地区利益的问题上，每个议员都有自己坚持的观念。这些观念顽固不化，任何争论都无法使其动摇。在诸如贸易保护主义或者酿酒人的特权此类关系到选民利益的问题上，即使拥有狄摩西尼的智慧，我们也无力改变某位众议院议员的选票。此类先于选举的暗示颇具优势，足以压倒其他一切暗示，并能维护自身观念的绝对稳固。①

在一般性的问题上，如推翻某部门或征收某新的税种等，固有的观念就不再起作用了，取而代之的是领袖的暗示。但这种暗示的作用与其在普通群氓中的作用并不完全相同。每一个党派都有其领袖，他们的影响力常常旗鼓相当。众议员往往因此陷入两难的境地，他们必然会迟疑不决。我们常常看见这样的情况：他们在一刻钟内会做出截然相反的决议或在一项法案中加入一条使该法案失效的条款，如在剥夺工业家选择和辞退工人的权利后，随即出台一条修正案废除这一举措。

这也是为何在每届立法机构中，议会总会表达出一些不易动摇的观点和犹豫不决的观点。归根结底，一般性问题占多数，犹豫不决起主导作用，选民长期的担心会使这种犹豫不决持续下去，潜在的暗示抵消了领袖的暗示作用。

---

① 一位老英国议员的以下反思恐怕针对的就是这些既定观念和这些不会因为选举的必要性而改变的顽固不化的观念："我在威斯敏斯特的五十年里听过数千场演说。能使我改变观念的演说很少，更没有一场能使我在选举中转变态度。"

然而，当议员没有不可动摇的预判时，领袖的暗示在争论中仍起主导作用。

领袖存在的必要性显而易见，我们在所有国家都能发现他们以团体首脑的名义出现。他们是议会真正的主宰者。群氓中的人无须领导，这也正是为何议会的决议常常只代表了少数人的观念。

我们再次强调，领袖的影响力并非依靠其推理能力，主要还是靠威望。无论在什么情况下，一旦失去了威望，他们便失去了影响力。

这些领袖的威望只属于他们个人，既与名号无关，也与声誉无关。朱尔·西蒙先生参加了 1848 年的国民议会，他对其中一些重要人物的评论，为我们提供了一些珍贵的例子。

拿破仑在功成名就的前两个月还一文不值。

维克多·雨果登上演讲台，无功而返。我们听他说话就像在听菲利克斯·皮阿说话；和菲利克斯·皮阿一样，没有人为他鼓掌。沃拉贝勒在与我谈到菲利克斯·皮阿时说："我不喜欢他的那些想法，但他的确是法国最著名的作家之一，还是法国最出色的演说家。"埃德加·基内，这个难得的干将就更无足轻重了。

在议会召开之前他风光一时；在议会上，他却是个无名小卒。

智慧的光辉在政治集会中黯然无光。我们只欣赏那些与时间地点相宜，且有利于党派而非国家的雄辩。如果想得到拉马丁在1848年或者梯也尔在1871年获得的那般殊荣，就需要受到紧迫而严酷的利益刺激。危机一旦解除，人们就会将感激和恐惧抛到九霄云外。

我引用这段话是为了引用其中所包含的事实，而不是其观点。这些观点只是一些粗浅的心理学观点。群氓一旦效忠于领袖，就会失去群氓的特征，无论这一领袖是党派领袖还是国家领袖。领袖的威望凌驾于群氓之上，不受利益和感激之情的驱使。

领袖所具有的威望足以使他握有绝对的权力。一位著名的众议员因为其威望在很长时间里都具有巨大的影响力，随后因为一些财务问题暂时失去了这一影响力。他只要稍加示意，内阁就会被颠覆。某作家的以下评述清楚地说明了其能力所及的范围。

都是因为这个C姓先生，我们在赢得东京湾时花了高于其价值三倍的价钱，我们在马达加斯加的地位朝不虑夕，我们在南尼日尔整整失去了一个帝国，我们失去了在埃及的优势——他的理论使我们丢失的土地比我们在拿破仑带来的灾难中失去的土地还多。

我们也不必过分质疑领袖。他们的确使我们付出了惨重的代价，但是他们的影响力之所以这么大，很大一部分原因在于他们顺应了民意。但是在涉及殖民地问题的时候，过去的民意与今天的完全不一样。很少有领袖能僭越民意，他们通常只能接受其中的错误。

领袖的说服手段除了威望以外，还有一些我们多次列举的因素。要想熟练地掌握这些手段，领袖必须对群氓的心理了如指掌，哪怕是在不经意间。领袖要知道应该如何与他们交谈，尤其要掌握词语、用语和形象的神奇影响力。领袖需要有卓越的口才、有力的断言和有说服力的形象，其中还包含简明扼要的论证。我们在所有议会中都能看见这种雄辩能力，哪怕是所有议会中最均势的英国议会。

英国哲学家梅因如是说："下议院总是充满了争吵，这些争论只是一些无力的泛泛而谈和强烈的利己主义的唇枪舌战。这些惯用语对纯粹民主的想象有着惊人的作用。让群氓接受以震撼人心的措辞表达出来的一般性主张并非难事，尽管这些主张从未经过核实，或许经不起任何证实。"

以上引文所提到的"震撼人心的措辞"的重要性并非夸张之说。我们多次强调了词语和用语的特殊威力，人们常常选择那些能唤起生动图景的词语和用语。以下内容摘自某议会领袖的演讲，它为我们提供了一个非常好的样本：

> 一艘船同时载着目无道德的政客和杀人无数的无政府主义者驶向混乱的流放之地，从这天起，他们便开始攀谈，他们是同一社会秩序下互补的两极。

它所唤起的图景非常清晰，且震撼人心，演讲者的对手们都深深感受到这一图景的威胁。他们的眼前同时出现了生灵涂炭的流放之地和可以将他们载走的巨轮，他们自己不也有可能处在界限不明的政治漩涡中吗？他们忍受着无声的恐惧，与当年国民对罗伯斯庇尔语言含混不清的演讲产生的恐惧一样，或多或少受到断头台上铡刀的威胁，这一恐惧使他们不断屈服。

领袖在倾吐最令人难以置信的空头支票时总能获益。我在上文中提及的那位演讲者还曾断言，银行家和神甫收买了投掷炸弹的人，大企业的财务总监应受到与无政府主义者一样的惩戒。他的这一断言并没有引起巨大的抗议。同样的方式一直适用于群氓。断言再疯狂都不为过，演说再具有威胁性也都不为过。没有什么能吓着听众。他们担心如若提出反对意见，就会被视作叛徒或共犯。

正如我刚才所说的，这一雄辩术在所有集会中都颇占优势，在危急时刻愈加凸显。从这一点看，大革命时期那些大演说家的演讲读起来都十分有趣。他们认为自己有责任不时地抑恶扬善，继而咒骂暴君，立誓不自由毋宁死。在场者起立，报以热烈的掌声，在平静之后又坐了下来。

有时也会出现智力超群且受过良好教育的领袖，但是这一点给他们带来的常常是弊端而非益处。在揭示事物的复杂性并允许对此做出解释和理解时，他们的聪明才智会使他们变得宽容，会大大削弱使徒应该具备的信念强度和粗暴程度。所有时期的领袖，尤其是大革命时期的那些领袖，能力有限却影响深远。

这些演讲中最出名的要数罗伯斯庇尔的演讲，其内容支离破碎、前后不一，令人瞠目结舌。我们在阅读其演讲稿时，找不到任何符合情理的解释：为什么这个独裁者所拥有的权力会如此之大？

　　教学法式雄辩的陈词滥调、冗长以及拉丁文化的老生常谈与赘言均服务于幼稚而平淡无奇的灵魂，他们攻击和防守时则局限于采用小学生的方式高呼："来吧!"没有思想，没有措辞，没有讥讽，读罢只会对如狂风暴雨般激烈的言辞感到厌倦。当我们读完这一沉闷的演讲稿时，不免会和受人爱戴的卡米尔·德穆兰一样，长呼"喔唷!"

一想到有威望的人集坚强的信念与极端狭隘的思维于一身，就令人不寒而栗。这些条件是无视困难、正视意志的必备条件。群氓本能地在这些精力充沛且令人信服的人中寻找自己的主宰者，他们需要这样的主宰者。

在议会中，一场演讲的成功与否仅仅取决于演讲者的威望，并非他的论证。

对于一个没有威望的演讲者来说，哪怕他的论证再严密，但如果仅凭严密的论证，恐怕连听都不会有人去听。曾任众议员的德索布先生用以下这段话描述了一个没有威望的立法者形象：

> 他走上主席台，从公文包中取出讲稿，有条不紊地铺在面前，自信地开始发言。

> 他本以为使他兴奋的那些信条也能感染听众。他一而再再而三地斟酌自己的论点，脑中全是数据和证据；他坚信自己是有理的。一切反对意见在他所列举

的证据面前都显得苍白无力。他开始演讲，对自己信心满满，也对同僚信任有加，认为他们理所当然地会顺应真理。

他刚开始发言就惊愕于大厅里的响动，他对越来越响的嘈杂声有些恼火。

为什么不能保持安静呢？为什么大家都表现得漠不关心？那些正在闲谈的人在想些什么？有什么紧急的事情使人们离开自己座位走向其他人？

他的脸上拂过一丝不安。他眉头紧锁，停了下来。在大会主席的鼓励下，他提高了嗓门继续发言。我们越来越听不见他的声音。他加重了语气，焦躁不安：倍增的嘈杂声围绕着他。他连自己的说话声都听不见了，他再次停了下来。他担心自己的沉默会招致怒气冲冲的呵斥："闭嘴!"便又更卖力地继续演讲。吵闹声变得让人难以忍受。

当议会表现出某种程度的兴奋时，与普通的异质性群氓非常相似，这也是为什么他们的情感总会表现出极端的特点。他们既会做出某些英雄举动，也会做出最凶暴的行为。他们摆脱了个体的身份，会将票投给最违背其自身利益的举措。

大革命的历史事实正说明议会失去了判断力，并受到与其利益相悖的提议的影响。对贵族来说，放弃特权无疑是巨大的牺牲，但在1789年制宪会议那个著名的夜晚，他们不假思索地放弃了特权。国民公会议员在放弃其不可侵犯的权利的那一刻就永远处在了死亡的威胁之下，然而他们还是做到了。他们不惧相互残杀，他们很清楚自己今天将同伴送上了断头台，明天这或许也是他们自己的命运。他们已经步入我曾经描述的完全无意识行为阶段，任何思考都无法让他脱离那些提议的影响。以下便是他们中的一员，俾约-瓦伦的回忆录中的一段。这段话绝对是证明这一点的典范。"我们如此反对的决议，"他说，"我们在两天前还不予通过，甚至一天前都不予批准：其诱因只有恐慌了。"没有比这更恰当的解释了。

　　类似的无意识现象在国民公会每场激烈的会议中都能找到。泰纳如是说：

　　　　他们通过并颁布了他们所厌恶的条令，这些条令不仅愚蠢荒谬，简直算得上犯罪，是在谋杀无辜者以及他们的友人。左派联合了右派并达成一致，在热烈的掌声中将他们原本的领袖，大革命的倡导者和领导者丹东，送上了断头台。右派联合了左派并达成一致，在热烈的掌声中通过了革命政府最糟糕的法令。国民议会在热情的赞赏声中，对科洛-德布瓦、库东和罗伯斯庇尔表现出崇高的敬意，通过多次自发的选举，一致决定保留滥杀无辜的政府。平原派和山岳派都因为该届政府的滥杀无辜而对它恨之入骨。平原派和山岳派、多数派和少数派最终都赞成加快自我灭亡。牧月22日，整个国民议会任人宰割。热月8日，在罗伯斯庇尔刚结束演讲不到一刻钟的时间里，国民议会内便上演了相同的一幕。

画作虽已褪色，却记录了真实的历史。议员们只要受到足够的刺激和吸引就会表现出同样的特征。他们会变成变化无常的群氓，受制于一切驱动力。以下关于1848年议会的描述堪称典范，这出自对民主信条坚信不疑的议员斯布勒尔先生之手，我从《文学杂志》(*Revue littéraire*)中转引如下。在这段话中，我们能找到我曾描述的所有关于群氓的凸显情感，这一极端的多变性使得情感能顷刻间从一端转向完全相反的另一端。

分裂、妒忌和多疑，以及一次次盲目的信任和漫无边际的愿望使共和主义者走向毁灭。他们的幼稚天真与他们对万事万物的猜疑匹敌。他们目无王法，纪律涣散；无限的惊骇和幻想，农民和孩子也具有这一特点。他们的沉着与他们的急躁旗鼓相当，他们的残忍与他们的顺从并驾齐驱。这是由性格不健全和缺乏教育造成的。他们不会因为任何事情感到惊讶，却会因为任何事情感到狼狈。他们集惊惶不安、战战兢兢、不屈不挠、英勇无畏于一身，既能赴汤蹈火，又会缩头缩脑。

他们完全不顾及事物之间的相互作用和关联。他们还会因为气馁和狂热而焦躁不安，容易产生各种形式的恐慌。他们高低不就，从来不曾处在他们应该处于的位置，也不曾扮演与之相称的角色。比水流更变化无常，他们仿佛能呈现出五彩缤纷的颜色和千奇百怪的形状。我们能期望他们为政府提供怎样的基底呢？

十分幸运的是，以上所有的这些议会特征并不会一直存在。议会只会在某些情况下构成群氓。组成这一群氓的个体往往都保持了自己的个性，这也是为什么议会能够制定出技术性极强的法令。事实上，这些法令是由专家在办公室里安静地制定出来的；通过该法令实际上也是个体的行为，并非议会的产物。这些法令自然就成为最好的法令。

当一系列修正案将它们变成集体产物时，便意味着灾难的开始。群氓的成果无论何时何地都劣于个体的成果。专家拯救了毫无章法、缺乏经验的议会。他们变成了群氓暂时的领袖。议会无法对他们产生影响，他们反而会对议会产生影响。

尽管在运转中仍存在诸多问题，但是议会仍旧是人们找到的最好统治方式，尤其是摆脱个人专制枷锁的最好办法。对于政府来说，它无疑非常理想，至少对于哲学家、思想家、作家、艺术家还有学者来说，简而言之，对于所有位于文明顶端的人来说，议会这一形式都堪称理想。

此外，议会会产生两类严重的危机，一是不可避免的财政浪费，二是不断被限制的个人自由。

第一类危机是由诸多让步和选民的鼠目寸光造成的。某议员提出了一条符合民主思想的举措，如保障所有工人的养老金、提高养路工和教师的待遇等，其他议员对选民心存忌惮，不敢触碰他们的利益，因而不会对这一举措提出异议。他们也知道这会增加预算的负担，建立新的税种在所难免，但在投票时并不会迟疑不决。增加开销带来的后果以后才会体现出来，人们不会迁怒于他们，但是如果投了否决票，其后果在第二天他们出现在选民面前时就会显现。

除了开销过度这一原因以外，还有另一个必要原因：他们有义务赞成一切有利于地方利益的开支。没有一个众议员会投反对票，因为它们仍反映了选民的诉求，众议员一旦拒绝了其同僚相似的诉求，那么他们在其辖区内同样无法获得他们所期望得到的。[①]

上文提到的第二类危机，即议会对个人自由的限制，这一点尽管不是十分凸显，但却是实际存在的。这是由那些具有限制性的法令引起的，而议会常常因为想法过于简

[①] 1895 年 4 月 6 日的《经济学家》(*Économiste*)发表了一篇十分有趣的文章，报道了一年之内仅因为选票的功利考虑而支付的开支，尤其是在铁路修建方面。为了将坐落在山上的郎盖耶(拥有 3000 位居民的小城)与普伊连接起来，议会投票通过了修建一条耗资 1500 万法郎的铁路。为了将博蒙(拥有 3500 位居民)与卡斯特尔萨拉桑连接起来，耗资 700 万法郎。为了将乌斯特小镇(拥有 523 位居民)与塞镇(拥有 1200 位居民)连接起来，耗资 700 万法郎。为了连接普拉德和奥莱特小镇(拥有 747 位居民)，耗资 600 万法郎……仅 1895 年一年，议会就投票通过了 9000 万法郎用于修建缺乏总体利益的铁路。因选票的需要，其他花费也不少。单是在工人退休金法案上的花费，依据财政部部长的说法，每年至少 1.65 亿法郎，而根据勒鲁瓦-布罗院士的说法，一年至少花费 8 亿法郎。这些花费的不断增长必将导致政府的垮台。很多欧洲国家，如葡萄牙、希腊、西班牙、土耳其都已经走到了这一步，其他国家也随即陷入绝境。面对多国息票缩减了五分之四的现状，大众已经逐渐平静地接受了这一事实，这必须引起足够的担忧。这些巧妙的破产手段可以使财政支出的亏损瞬间得到弥补。战乱、社会主义的风波、经济竞争，太多的苦难令我们应接不暇，我们所处的时代是整个世界都在分化瓦解的时代，我们能过一天算一天，不必过分担心与我们无关的未来。

单而看不清这一后果，认为自己有义务表决通过这些法令。

诚然，此类危机无法避免，因为哪怕是在英国，在这一议会制度堪称典范的国度，议员完全独立于选民，他们都无法摆脱这一危机。赫伯特·斯宾塞很早之前就在其著作中指出，表面自由的增加伴随的是实际自由的减少。他在《人与国家》(L' Individu contre l' État)一书中提出了相同的论点。他在谈论英国议会时写道：

> 从这个时代开始，立法机构遵循的路线正是我曾经指出的那条。飞速递增的专制举措不断地趋向限制个人的自由，具体的举措分为两个方面。每年都会制定大量的规章条例，使公民曾经完全自由的行为受到限制，并强迫他们完成一些他们过去可以随心所欲地选择是否去完成的事情。与此同时，公众的负担越来越重，尤其是地方上的负担，缩减可随意支配部分的收益份额和增加因公务人员的喜好而产生的开支进一步限制了他们的自由。

这种对自由的逐步限制在所有国家都以一种特殊的形式得以体现，赫伯特·斯宾塞并没有指出这一点：无数具有限制性的立法举措的实施，必然会增加分管它们的公务员的数量、权力和影响力。他们在逐渐变成文明国度里真正的主人。更何况政府不断更迭，而行政阶层不会受到这些变化的影响。只有他们不必承担责任、没有个性并且永久存在，因此，他们的权力越来越大。任何专制都不会超越具有以上三点特征的这些人。

那些不断被制定的具有限制性的法律条例已蔓延到生活中最精细、最细小的活动里，这必然会缩小公民自由活动的范围。民众是这一幻想的受害者，他们认为这些法令越平等越自由就越能得到保障，他们天天都要遭受日益沉重的奴役。

他们也会因此屡遭制裁。他们习惯于被奴役并开始自取其祸，丧失了一切自发性和精力。他们只不过是虚无的幻影，他们只不过是被动的木偶，意志薄弱，软弱无力。

人们被迫到别处寻找这些在他们身上已经不见踪影的活力。公民日益麻木、软弱，因而政府的职权范围不得不继续扩大。后者不可避免地拥有个人所不具备的创新精神、实践精神和指引精神。他们不得不承担一切，领导一切，保护一切。国家因而变成了全能的上帝。经验告诉我们，这一神力持续不了多久，也并不十分强大。

一些民族的自由被逐渐限制，尽管表面上的许可给他们带来了仍旧拥有这些自由的错觉。和其他制度一样，这将引起这些民族的衰落。这是衰落的先兆之一，至今没有一个文明能逃脱这一命运。

如果我们依据历史的经验教训和各方各面已有的征兆来看，一些现代文明已经步入了灭亡前的衰落期。一些变革是命中注定的，任何民族都在劫难逃，因此历史常常像是在不断地重复。

粗略分辨出革命的不同阶段并非难事。我将在简述它们的过程中结束此书。

如果我们将我们之前的那些文明的强盛和衰败的原因作为主线稍做思考，我们将会发现什么？

在文明建立的初期，众多出身迥异的人因为迁移、侵略和征战等偶然因素聚在了一起。他们血缘不同，语言各异，信仰也不尽相同，他们之间共同的纽带就是法律，但该法律还未完全得到首领的认可。他们杂乱的聚集地有非常突出的群氓心理特征。他们的团结是暂时性的，他们身上同时具有英雄主义、种种弱点以及冲动急躁的特点。没有什么是稳定存在的，他们就是些野蛮人。

时间最终完成了自己的作品。时间渐渐使得环境趋于一致，通婚盛行，生活的一致性成为必然。不尽相同的人聚集在一起，开始相互融合，形成了一个新的种族，即具备了共同特征和共同情感的团体，并逐渐开始形成遗传特征。群氓蜕变成民族，而这一民族有足够强大的能力使它摆脱曾经的野蛮状态。

但是只有在经历了长期的努力、不断的斗争和无数次周而复始之后，人们才能彻底摆脱这一野蛮状态，继而收获理想。这一理想的性质无关紧要。无论是对罗马的崇拜、雅典的威力还是安拉的胜利，它们都足以使得种族中的每一个个体在情感和思想上形成完美的凝聚。

新文明因而诞生，伴随着相应的制度、信仰与艺术。受到其梦想的驱动，这一种族将逐渐获得能给他们带来荣誉、力量和壮大的一切。他们有时恐怕仍是群氓，但是这些变幻不定的群氓特征背后有稳固的基质，即这一种族的灵魂。它严格地控制了这一民族的波动范围，并且调节着偶然性。

当时间完成了这项具有创造性的工作以后，便着手开始完成具有毁灭性的工作，无论神、人，无一幸免。文明在达到一定程度的强盛和繁复后便不再壮大，此后便开始迅速衰落。衰亡的钟声即将敲响。

这一无法避免的时刻总是伴随着承载着种族灵魂的理想的坍塌。随着这一理想的黯淡，一切以此为灵感建立起来的宗教、政治和社会基石均会动摇。

随着理想的不断衰减，种族丢失了越来越多使自身获得凝聚力、团聚力和力量的品质。个体的个性和智力得以发展，但与此同时，种族的利己主义被个人的利己主义替代。个人利己主义蓬勃发展，并且伴随着品格的丧失和行动能力的减弱。民族、集体、集团最终变成毫无凝聚力的个体集合，因为传统和制度而被暂时地刻意维系。当人们的利益与愿望相悖时，他们无所适从，在鸡毛蒜皮的小事上都渴望被人领导，国家此时便施展了它那令人瞠目结舌的影响力。

在丢失了旧时的理想的时候，种族便也失去了自己的灵魂。他们无非是一些独立的个体，回到了起点：群氓中的一员。他们表现出所有那些缺乏稳定和没有未来的特征，这些特征的存在时间也很短暂。文明失去其稳定性，随俗沉浮。平民阶层掌权，野蛮之风横行。文明仍旧外表光鲜，这是长时间积淀下来的，然而徒有其表，只是金玉其外败絮其中的表象罢了。这一座将倾之宫失去了一切支撑，在下一次暴风雨中必将倒塌。

人们为了追求梦想从野蛮走向了文明，当这一梦想变得无力时，便又开始走向衰落和消亡，这便是一个民族循环往复的命运。

/译后记/

　　正如袁筱一老师在与蕾拉·斯利马尼的访谈中谈及的那样，她每每拿到翻译任务，总会问自己两个问题："pourquoi"（为什么翻）和"comment"（怎么翻）。我拿到 *Psychologie des foules* 的翻译任务时，市面上已经出现了数十版不同的译本，面对这种局势，我不禁问自己："这本书为什么要复译？我的翻译工作会成为无用功吗？"出版社之所以立项出版，肯定有其道理，但我又不好直接询问。好在硕博阶段我的研究方向一直是翻译方向，在动手翻译之前，不妨先做个多译本比较研究。

　　通过文献梳理，我发现早在民国九年（1920 年），这本书就由吴旭初、杜师业翻译成中文，书名译为《群众心理》。先不论其对原文内容上的删减改写，单是第一段："凡文明之轉（转）化。必有大變（变）亂（乱）為（为）之先驅（驱）。昔者羅（罗）馬（马）之分崩。亞（亚）伯拉帝國（国）之創（创）立。

膚(肤)视(视)之。似只由於(于)政治之沿革。或外族之入侵。或朝代之興(兴)亡而已。"无论是文法表达还是繁体书写，都大大增加了现代读者的阅读困难。

紧接着，我又通过网络销量、评论量等因素筛选出20世纪80年代以后市面上较流行的几版译本，开始着手译文对比。在研究过程中，我发现该书译本数量虽多，但译本多从英文译本转译而来。所谓"转译"，也称"间接翻译"，即非直接译自原著语言的翻译。梁实秋曾将转译比作"掺了水或透了气的酒，味道多少有所变化"。季羡林也曾这样谈论转译："橘生淮南则为橘，生于淮阴怎为枳，叶徒相似，其实味不同。所以然者何？水土异也……却有许多人把移到淮北化成枳了、果子又变味的橘树再移远一次。那味道自然变得面目全非。"

因《群氓心理学》存在不同的英译本，在转译过程中，中译本的译文质量不但与中译本译者的翻译水平息息相关，还受制于英译本的译文水平。因转译带来的误译有时与译者的翻译水平无关，而是转译这一翻译途径的"先天不足"。如果有一些误译因转译引起，对于那些从法文原文译入的译本来说，一些错误应该是可以避免的。也就是说，号称从法文译入的译本应比英文转译本更精准。在这数十本译本中，只有寥寥几本在书封处标明了是从法文原文译入，但是不知何种原因，相同的错误不断再现。最典型最明显的错误——包括以一些以法文原文译入的译本，都将第一、第二章中多次出现的"生理学"误译作"心理学"。借由详细的译本对比，我发现译本数量的优势并没有弥补质量的劣势，漏译、误译屡见不鲜，我的工作似乎不会成为无意义的重复劳动。

回答了"为什么翻"之后，我便着手开始翻译。在书名的翻译上我又碰到了"怎么翻"的问题。以翻译界的前辈冯克利为代表的数十位译者，或许是受到英译本译名 *The Crowd：A Study of the Popular Mind* 的影响，将其译作"乌合之众：群体心理研究（或大众心理研究）"，事实上，英译本书名与法文原文书名 *Psychologie des Foules* 相距甚远。此外，大部分译者将正文中的"crowd"译为"群体"，将标题中出现的"crowd"译为"乌合之众"，显然前后不一。我是应该沿用大家已熟识的译名，还是寻求我认为更准确的译法？带着这个问题，我请教了周晓虹老师。周老师的一句话点醒了我："复译的目的并非重复劳动，而是避免重复劳动，好的复译是为了在较长的一段时间里不需要复译。"

人们总喜欢说"站在前人的肩膀上"，事实上，前人的肩膀除了可以被后人站以外，也可能遮挡住后人的视线。我推测在众多译者中，对"乌合之众"的译法既有认可的，也有受制于前人译本的成功而勉强沿用的。当前人的成就成为桎梏时，我们不妨轻装上阵。因此，我最终决定将书名译为贴近法文标题的"群氓心理学"，并将书名与正文中的"foule"一词统一译作"群氓"。

之所以选择"群氓"一词，有两方面原因。一方面，是结合勒庞所著该书时的历史语境，其书中的群体并非普通的群体。早在民国二十三年（1934 年），高觉敷就在《群众心理学》的第一章中对该书展开了深入的评析。在高觉敷看来，"黎朋（按：勒庞）的 Crowd 虽间可成义举，但其理智的程度常较独居的个人为下，不善推理而有草率的行动，所以其行动常为潜意识的，结果则只能做破坏的工作，而不能有所建设。黎朋写这本书的时候其心中是以法国革命的群众为他的 Crowd 的代表，所以他所列举的 Crowd 的特征也就是法国革命的群众的特征。"结合书中内容，我们不难发现，"foule"确为群氓，如译作"群体"就缺失了特定的历史内涵。另一方面，法文是一门既严谨又让人充满遐想的语言，这一语言的神奇之处在于，尽管没有词源上的联系，"foule"与"fou"无论是在拼写上还是在读音上都极其相似。法文中的"fou"有愚钝、疯狂之意，而该书所描绘的"foule"恰恰具备了这样的特质。这一有趣的巧合似乎是从另一方面佐证了我的选择。

正如鲁迅所说："人文科学的传统不同于自然科学的传统，它是由相对有限的经典性的文本和绝对无限的解释性文本所构成的。"希望我的译本能成为"相对有限的经典性文本"，并成为读者创造"绝对无限的解释性文本"的基础。翻译不当之处，还请读者指出。

最后，感谢周晓虹老师拔冗作序，感谢许钧老师和高方老师的信任与指教。

2018 年 7 月 26 日

南京

图书在版编目(CIP)数据

群氓心理学/(法)古斯塔夫·勒庞著;陈璞君译. —北京:北京师范大学出版社,2018.10

ISBN 978-7-303-23218-5

Ⅰ.①群… Ⅱ.①古… ②陈… Ⅲ.①群体心理学 Ⅳ.①C912.64

中国版本图书馆 CIP 数据核字(2017)第 322325 号

营销中心电话 010-58805072 58807651
北师大出版社高等教育与学术著作分社 http://xueda.bnup.com

QUNMENG XINLIXUE

出版发行:北京师范大学出版社 www.bnup.com
　　　　　北京市海淀区新街口外大街 19 号
　　　　　邮政编码:100875

印　　刷:北京盛通印刷股份有限公司
经　　销:全国新华书店
开　　本:890 mm×1240 mm 1/32
印　　张:7.5
字　　数:125 千字
版　　次:2018 年 10 月第 1 版
印　　次:2018 年 10 月第 1 次印刷
定　　价:46.00 元

策划编辑:周益群　　　　　责任编辑:张凌敏　梁宏宇
美术编辑:李向昕　　　　　装帧设计:李向昕
责任校对:李云虎　　　　　责任印制:马　洁

合作策划机构：雅众文化

策 划 人：方雨辰